把時間浪費在美好的事物上（經典版）

懵懵懂懂地往前走，
哪裡有光就往哪裡去；
我們辛苦一點、無奈一點，
當然，也可能豐富一點點。

目錄

第二部分
從做衣服出發，往更廣闊的方向行進

第三部分
向生活擺出喜悅的姿態

第四部分
生活是我們記住的日子

第五部分
人生最溫柔的部分，一直住在鄉村裡

第六部分
寧遠和她的朋友

我愛的人，他們已經出現
—— 與祝小兔關於「做衣服」的問答

再版序
這是時間給我的禮物

一晃，這本書出版五年半了。

有很多人寫信、留言給我，說受到這本書的鼓勵，做出他們人生中某個重要的選擇。但其實，我自己的人生卻常常陷入兩難，陷入某種不確定和不徹底。也有人說，讀完這本書，更勇敢了。但什麼是勇敢呢？有時候改變是勇敢，而有的時候，堅持才是勇敢。

四十歲生日那天，我寫下一句話：「謝天謝地，還有夢和焦慮」。能確定的，也只是盡力誠實地面對自己吧！這五年我一直在寫。寫，是因為有不安。風吹過來，有些人覺得冷，敏感的人覺得痛。我想我們應該保持的是這種疼痛感。

新版做了大的調整，與原版相比，其實差不多算是另一本書了，有三分之二的內容做了更新，但編輯們還是決定沿用過去的名字。

把時間浪費在美好的事物上，不是說要浪費時間，而是請把你的熱情、毅力傾注在你所選擇的「眼前」。「美好」的事物又是什麼呢？不止於一朵花、一杯茶，更不止於一件漂亮的衣服。美好，是你身心投入創造的過程，以及自然而然呈現的結果。

不管怎麼樣，這本書是我長長的人生裡，某一個階段的切面，它誠意十足。書裡有我對自己的誠意，對文字的誠意，當然還有對讀者的誠意。

書出版前，在麗杰的鼓勵下拍攝照片。五年前也是她要求拍的，那時她說要拍一張我「低頭做事」的生活照。五年後，她希望我再拍一張「低頭做事」的照片放進書裡，我想她是希望和五年前有回應和對比吧！

初版序
美好的人生，不外乎順從己意去生活

身為兩個孩子的媽媽，完全屬於自己的時間越來越少，在與兩個小傢伙的糾纏中寫出了這一本書，這是我的第四本書。

謝謝購買了前三本書的讀者，是你們支撐了今天這本書的存在，不然，這些文字將會和電腦、手機裡那些漫天飛舞的碎片化文字，一起淹沒在茫茫網路，就好像它們曾經只在我內心經過。對紙本書，我始終還是有濃濃的情結。

帶孩子、做衣服、寫字 —— 這三件事構成了我過去幾年生活的主線。

這本書也是圍繞這個主線展開的。編輯說，這是一本有關生活和生活方式的書。我基本上同意，我樂意把時間浪費在美好的事物上。至少幾年前，當我帶著厚厚的妝容坐在主播臺時，是無論如何也寫不出這些文字的。儘管那時我也愛寫，但如今怎麼看，那時的文字都在和周遭較勁。

前幾天幫自己做的衣服當模特兒拍照，攝影師小喜偶然拍到一張我凝視鏡頭的畫面。畫面裡，我的眼神有一點點對外界的防備，但又是沒有攻擊性的，我覺得這就是我：總是下意識地與外界保持距離。

做衣服就更講究分寸了。人面對布料，與之對話，有太多要表達，但卻懂得尊重它、與它呼應、給它空間，讓它完成它自己的樣子。

那麼穿衣服呢？寫作呢？事情的本質是相通的。換句話說，萬事萬物中蘊含的道理都是一樣的，但是通往這個道理的路，並不通坦。

「看見事物的不同，我們成為專家；看見事物的相同，我們成為智者。」唯願我們都在路上。

唔，照片看起來我老了不少。人生四季各有其時，不放棄自己的人，每一季有每一季的好，我很好。希望我做的衣服、我寫的字，能陪著我，陪著你們，慢慢變老。

三十歲的時候說「謝天謝地，我還在成長」。如今三十四歲了，覺得成長二字換成「生長」更恰當，謝天謝地，我還在像一株植物那樣生長。

因此，這本書也是一個女人的「生長之書」，是我這個「沒有攻擊性的、獨立的女人」的生長之書。我只是寫下我在生長的過程裡，看見的、思索的、經歷的，我並不打算指導任何人的人生。每個人的人生，每個人都得自己過。

假使能讓讀到這本書的你進入關於自我的沉思，身為寫作者，我覺得已經足夠了。

直到開始做裁縫、當個手藝人，我才發現：
不要去做那些對的事情，而是去做你真正想做的事情。

世間萬物，花是花，草是草，
你是你，我是我。
只有擁有了這樣的自由，才是美。

第一部分
把時間浪費在美好的事物上

對手藝人來說，
人生都很慢，
一輩子做好一件事，
一生只愛一個人。

知道自己要去哪裡，全世界都會為你讓路

這世界有兩種人。一種人從小就知道這輩子要活成什麼樣子，知道自己要去哪裡，這種人特別幸福。我有一位好朋友，他十歲就在作文大賽裡獲獎，二十歲就出詩集，他讀很多書，他說這輩子寫出一部了不起的小說，就是他的夢想。

另一種人就像我這樣，懵懵懂懂地往前走，哪裡有光就往哪裡去。這種人會辛苦一點、無奈一點，當然，也可能會豐富一點點。

有句話是這麼說的：「如果你知道自己要去哪裡，全世界都會為你讓路。」對我來說，真正有這種感覺，真正開始知道要去哪裡，是在大約三十歲的時候了。

一邊走一邊摔跤；一邊總結一邊調整。做很多事，慢慢成長，慢慢找到一點方向，慢慢開始堅定。

很小的時候，我個子矮，坐在第一排，特別聽老師的話，老是被班上同學欺負。那個時候，愛讀書的學生是不討小朋友喜歡的。長大一點了才明白，想鑽進人群裡，就得同流合汙，於是做出一個壞孩子的模樣，和大家瘋玩、跟老師吵架，深夜和朋友們一起偷鄰居家地裡的甘蔗，一邊偷東西還一邊罵人，沒有告訴任何人，其實被嚇到尿褲子了。

扭曲的人生應該就是從那個時候開始的。

再大一點，國二那年，我突然就比班上所有的女生高了，比我同桌的男生還高，加上人又瘦，站在哪裡都一眼就能認出來。那個時候，我看到比自己矮的男生，總是會很不好意思，跟人家說話都是一副抱歉的模樣，身體垮下來，埋著頭。

總怕跟別人不一樣，總想在一個群體裡得到認同，淹沒在人群裡才會有安全感，從來沒有堅定過這一輩子要成為怎樣的人，不知道自己要去哪裡。

我三十歲之前的人生，有很多朋友、會處世、待人熱情、寬容、善良、周全……就差八面玲瓏了。這些差不多是別人對我的評價，好像也是我樂於接受的評價。但我究竟要去哪裡？不知道。

讀書、打工、當導遊、當演員、考研究所、上講臺、進電視臺、當記者、當編導、當主持人、當製片人……。三十歲之前，這些詞語構成了我的生活軌跡。當導遊的時候我還是學生，進電視臺的時候我是老師，在講臺上我仍然是個主持人，我力所能及地做很多事，我足夠聰明和努力，命運總是幫我安排過多的選擇，我總是按照大家給我的評價和定義去選擇、去活著。

我不知道自己要去哪裡，所有的選擇都基於別人——或者我想像中的別人——希望我成為的樣子，我把真實的自我深深掩埋。

每個人都是一座孤島，你必須學會融入，才不至於看起來那麼寂寞。你必須學會這個世界上，那些看得見、看不見的規則，在「做自己」和「取悅他人」之間，找到平衡。很長時間，我對這努力經營出來的樣子感到滿意，但內心很清楚，這不是生活的真相。直到開始做裁縫、當個手藝人，我才發現：不要去做那些對的事情，而是去做你真正想做的事情。然後，我進一步發現：能用自己喜歡的東西養活自己，還可以這麼有樂趣，真好。

知道自己要去哪裡，全世界都會為你讓路。

把時間浪費在美好的事物上

年紀越大，我越知道當個手藝人的好，只須打磨自己，只須做好分內事；無須討好，無須諂媚，無須看人臉色。古人說：「無須黃金萬貫，只需一技在手。」做個堂堂正正的手藝人，更理直氣壯、心安理得。

我依然害羞、敏感、任性、衝動，越活越像小時候，總是把時間浪費在自認為美好的事情上，相信所有微小的細節才是生活的本質。我只有躲在自己本性裡時，才是最舒服的。常常累到不行了，回到家還是捨不得休息。讀書、做手工、種花、幫家人做一頓可口的飯菜，這些在別人看來可有可無的事情，對我卻異常重要。有朋友問，妳怎麼那麼有精力啊！工作已經很累了，還做這麼多別的事。他們不知道，人做著自己喜歡的事、成為自己想成為的樣子，是不會感覺到累的，就像沒有一個沉迷於電腦遊戲的人，會覺得打遊戲累。

幾塊碎花布，在你的拼接下，會變成讓人驚訝的模樣。飛針走線間，它們開始生動，開始有自己的風格和氣質，開始擁有精神的含義。一顆植物的種子，埋進土裡，就會慢慢生根發芽，你給它澆水、施肥，它就能慢慢長成你希望的樣子。這些瑣碎的過程，在我看來，美好得很。

在簡單的手工活動裡，可以和自己對話，與自己相處，安住自己。

2009 年我懷孕了，在那段長長的時間裡，手工占據了我大部分的生活，那時候我喜歡上拼布，找來各種碎布頭，把它們縫成我想要的樣子，常常縫著縫著，一抬頭，天就暗下來了。

從那時起，我的生活就和手工有了親密的關係，到現在，就像渴了要喝水、餓了要吃飯。

有人說，「忙」字拆開來看就是「亡心」，人一忙，心就沒了；也有人說「忙」就是「盲」，忙起來，眼睛就看不見了。所以，手工多好啊！它讓你慢下來，讓你有時間「養心」、「養身」、「養生活」，讓你有時間去「看見」。做手工的過程中，你必須是心平氣和的，你不能急，當然，如果你愛做手工，你就是心平氣和的，你也不會急。所以，如果你真心去做，你就會丟失「快」，得到「慢」。

我們生活在一個多麼匆忙的世界，如果不是被這手中的小物件吸引，還真難找到一段你獨自面對自己的時間，沉下心來讓身體投入到一項簡單勞動中，而精神也會得到放鬆。

一切發生得那麼自然。某一天，我突然想要一雙鞋子，一雙小時候一直想要，但卻得不到的丁字皮鞋，逛遍了賣場，也找不到那種原始的、不花俏的丁字皮鞋，在我的想像中，它散發著童年的味道、原始的氣息。得不到，我就把它畫在紙上，後來經過鄉下一家皮鞋作坊，我走進去問那個正在埋頭做鞋的師傅：「你能幫我做出來嗎？」他看了看我遞過去的圖畫，說：「這個多簡單啊！」

無數次的溝通後，我想像中的鞋子終於擺在我的面前，而這雙鞋子從一個想法，到圖畫，再到最後成品的過程，也被我用文字和圖片呈現在網路上。我驚訝地發現，在這個世界的角角落落，居然也有人和我一樣，想要一雙這樣的皮鞋。你要知道，在我真實的周遭生活裡，大家對我做出這雙鞋子，完全是不以為然的態度，大多數人並不需要這種沒有裝飾、不流行、也不時尚的鞋子。網路那麼大，世界那麼小，我憑藉著這雙丁字皮鞋，尋找到了同類。你是誰，就會遇見誰。

除了做鞋子，我還做衣服，所有我做出來的東西，都是我自己想要的，我不用取悅任何人。但是，必然的，這世界還有很多人和我一樣。

以前，我想讓自己淹沒在人群裡，以此獲得認同。而如今做手工讓我明白，尋找安全感的方法可以有很多，但最可靠的是：內心的堅定和從容。判斷、取捨人和事物的標準也超級簡單 —— 有益身心。

對手藝人來說，人生都很慢，一輩子做好一件事，一生只愛一個人。一輩子總還是得由一些善意執念推著向前，我們才能聽從內心的安排。專注做點東西，至少，對得起光陰歲月。

生活的美好，就是和喜歡的一切在一起。

只想做個認真過日子的人

《寂寞島嶼：五十座你從未也永遠不會踏上的島嶼》（*Atlas der Abgelegenen Inseln*）裡說：「沒有什麼比自我選擇的孤獨更能解放人了。」回想這幾年，我的生活正是在不斷後退，退到了日子的深處。

腦子裡閃過過去幾年的點點滴滴，覺得好，好得「世事皆可原諒，但不知原諒什麼」。

我把家裡幾大箱禮服、正式服裝，還有一大堆化妝用具打包送人，離開了電視臺。然後，我向工作了十年的大學遞交了辭職書，從此成為名副其實的自營工作者。

我逐漸從一個主持人、教師，變成現在這樣，每天面對電腦、面對畫紙、面對成堆的布料，會畫圖、寫字、做衣服的裁縫。寫想寫的字，做喜歡的衣服。我開著一家網路商店，賣自己工作室設計製作的衣服和鞋子，賺錢養活自己。我想，這就是我一直想要的生活。

收到一個女孩子寄來的電子郵件，她說：

已經悄悄地看妳好多年，從地震，從最美主播，從寶寶，從一本書，從電視臺，從遠家，從愛與堅守，從跌倒到抬起頭，給我們一個笑意盈盈。初識妳，是我自認為最悲觀的時候，其實也是最小女孩、最弱不禁風的時候。是妳讓我看見，原來這世上還有一個女子在那麼努力地向著陽光走去，從簡單到繁複，又終究回歸簡單。可以說，這幾年也是我成長的幾年，我和妳年齡相仿，好多次是妳給我活著、並好好活著、快樂活著的勇氣和信心。想到哪裡就說到哪裡，只是想說，謝謝妳，真的，謝謝妳的堅持、愛與平常。

堅持、愛與平常，我想這幾個字是對我人生的祝福。我沒有她說得那麼好，但會努力做到不辜負。我與她不相識，但相較那些在飯局、活動上、應酬交際中的「熟人」，我們更懂得彼此。

帶女兒參加幼兒園舉辦的親子遊園活動，拿到一張卡片，在卡片上蓋滿八個章，就可以拿到最大的禮物，操場上有八個遊戲點，做完一個遊戲，就可以蓋上一個章。家長們帶著孩子在各個遊戲間穿梭，「快點、快點，加油、加油」，周圍全是這樣的聲音。女兒卻不願意加入這些遊戲，她就坐在操場邊，認真而享受地看著這熱鬧的場面。我不催她，也就這麼坐著，和她一起看，慢慢覺得，其實坐在這裡當個旁觀者也很好啊！女兒的內心比我小時候強大多了，她沒那麼容易被挾持。

這世界是那麼豐富，有些人把日子過成表演節目；有些人把生活當成舞臺，自己就是演員；還有人懷抱理想、努力奮鬥、讓人仰望。可是，也需要有人躲在角落，做一個認真過日子的人吧！我願意是那個安靜的聽眾，聽自己，也聽世界。

我理想中的生活是這樣的：世間萬物，花是花，草是草，你是你，我是我。只有擁有了這樣的自由，才是美。

自由不是你想成為什麼，就能成為什麼；而是你不想成為什麼的時候，你可以不成為什麼。

我的生活圈子越來越小，我不再出門奔赴一場又一場的聚會；不用說自己不想說的話，不用刻意經營關係；不用在焦慮中入睡，然後被鬧鐘喚醒。

生活就是要貼著自己的性情走，你是什麼人，就用什麼腔調，別跟別人湊熱鬧。湊熱鬧，熱鬧終歸不是你的。不眼紅別人，不抱怨自己，走一條自己的路，越是安靜，越能聽到自己與外界召喚靈魂的聲音。

生命就是一場燃燒

我們很多時候會提到「生活」這個詞，但仔細想想，其實它有點空泛。什麼是生活？生下來，活下去？每個人每天都在生活，但為什麼我們還要專門來研習如何生活呢？

記得有一位葡萄牙詩人寫過：「你不快樂的每一天不是你的，你只是經過了它。」有的地方也翻譯成：「你不喜歡的每一天不是你的。」我覺得還可以換一個詞：「你沒有覺知的每一天不是你的，你只是經過了它。」當然這樣一換，就沒有文學的意味了。關於「覺知」，我只是想表達：不一定是感受快樂、幸福、歡喜，而是說你要有感受力去感知你每一天經過的日子。

做一個有心的人，在平淡的生活裡發現詩意。很多人都在說，生活不止有眼前的苟且，還有遠方的詩意。這個說法我們應該改一下，生活不止有遠方的詩意，也會有眼前的詩意。我們要去學習生活，其實就是要學習如何在自己的生活裡，發現那些吉光片羽。我覺得這是非常不容易，但又特別值得我們為之努力的事情。

曾在社群平臺發過一句話：「痛苦讓人清醒，而快樂更需要用心駕馭。在這不完美的人世間，鮮明地活著。」痛苦也好，快樂也罷，做一個有感知、有覺知的人，而不是像一塊木頭一樣，過了一天、過了兩天、過了三天都是一樣的。

並不是說我們每個人一定都要快樂，這一天才算沒有白過，而是要保持一種覺察。快樂並不是人生追求的終極目標，我覺得幸福也不是人生的終極目標。我喜歡的一位作家柏楊說過一句話：「直到眼淚流枯，變成笑容才是人生。」

其實就是要真真實實地活在這個世界上。要知道輕鬆和悠閒從來都不是生活的唯一目的，我們應該去擁抱情緒，逐漸獲得心靈的深度，然後長出那種有力量的溫柔，或者是一種氣度，這才是值得全力以赴的。

梅莉·史翠普（Mary Louise Streep）也說：「帶上一顆破碎的心，使之成為藝術。」每個人的生活裡肯定有傷痛，這不是說經歷很多很多之後，心破碎了，我們就對一切有了免疫力，不是的。而是應該讓這些傷痛，轉化成為一種創造力，讓它成為你對生活更加深刻的洞見，讓我們能夠在這個不完美的人世間，繼續活得那麼鮮明。

有很多人，他們很忙。他們忙著工作、忙著賺錢、忙著養家，他們空下來的時候也很忙，忙著喝茶、忙著旅行、忙著瑜伽、忙著去做各式各樣的事情（最後當然也要忙著上傳到朋友圈）。他們真的把自己填得很滿，非常害怕閒下來；非常害怕無聊；非常害怕找不到事做以後的那種空茫。但這種人裡的大多數，心裡還是空的。

在遠家草木染課堂上，我曾經遇過好幾位學員，認真觀察下來，我發現有些人剛剛進入我們課堂的時候，話特別多，會停不下來。可是到底說了什麼呢？仔細聽，聽完以後，其實什麼重點也沒有，只是用語言來填補那種空虛和尷尬，所以嘴巴不停不停地說，讓話語裝滿空間。但是慢慢透過一些學習之後，我發現他們變得沉默了，沒有必要說話的時候，就不說了，他們能夠體會到那種兩個人，或幾個人待在一起，不說話也覺得很舒服，也能達到交流的感覺。這種感覺其實是很多人沒有的，大家都特別怕停下來，怕無聊。然而無聊多麼有必要啊！一個人無聊時所做的事情，決定了一個人和另一個人根本的不同。

我們的品牌有一句宣傳語：「在物質世界裡尋找精神的含義。」我覺得這句話也詮釋了我想要表達的內容：我們離不開物質，我們每個人都是依賴物質而存在的。我們需要賺錢，也需要養家，但是我們更需要在做這些事情的同時，去追求精神方面的含量，而不僅僅只是停留在物質的表面。物質可能是我們的起點，但一定不是終點。

有次研習生活社邀請我聊一聊「文藝和本事」，我覺得本事就是你在這個世界上安身立命的一技之長，它是基礎，它是出發點。只有把這個出發點立穩，我們才可能去講文藝，講精神。但是，文藝也不是指多麼昂貴的東西。看一本書的成本有多高呢？一本書是很便宜的，它只是需要你付出更多的時間。

我以前在電視臺當主持人的時候，會有一種焦慮感，我覺得當主持不是本事，只是因為我比較幸運吧！就可以坐在那裡說別人寫好的話、就可以拿薪水，這種本事我覺得太隨意，也太隨機了，它不是完全掌握在自己手上的。但是做衣服之後，我會覺得，這是我的本事，我就靠我的本事去賺錢。好好做衣服，做出好衣服，自然會有人喜歡，那我就一件一件地做，一件一件地去賺錢，賺取我應該賺的那一份報酬就好了。

有一次和貝殼聊到一個話題，我們說到共同認識的一個人，很有錢，但是在去年，四千多萬一下子就花光了，這個人當然想不通。實際上，這個人賺得這四千多萬的過程滿輕鬆的，雖然沒有犯法，但有很大的投機成分。我覺得錢是怎麼來的，最後可能還是會怎麼去，當錢來得過於輕鬆的時候，失去它其實也是很容易的。

也有人喜歡講天分，我覺得本事一定是勤奮的結果，天分只能說明你的起點可能比別人高一些。但是大多數時候，還是要拚勤奮的，遠遠達不到你要拚天賦的那個地步。天賦不叫本事，本事就是你安身立命的本領。

做衣服的這些年我也在慢慢成長，也更有定力了，並且懂得深深進入一件事情，能帶來特別大的快樂和巨大的幸福。

其實我人生的功課就是專注，我就是一個缺少專注力的人，我對很多東西都有興趣，興趣來了，就想去做，經常會同時做好多事情，把自己弄得很累。但是做衣服這件事，真的可以說是我做得最好的一份關於「專注」的功課了，我人生的一個大功課。

其實生命就是一場燃燒，我覺得我是幸運的，我已找到了讓我足以燃燒一生的功課。

時間的禮物

這世上可能很多東西是假的，但我今年滿四十歲了，這件事情是真的。

也沒什麼好感慨的，大多數人都能活到四十，更多的人已經活超過四十了。前兩天遇到英姐，那天是她生日，我問她，滿五十是什麼感覺。她說，過了三十，她就對年齡無感了。她說這句話的時候，特別酷。我說，還滿期待自己的五十歲，那時候孩子都大了，終於可以像她那樣，徹底為自己而活。

都知道張愛玲說過一句話，「出名要趁早。」她下一句說的是，「來得太晚的話，快樂也不會那麼痛快。」這倒是真的，年齡越大，越對得失沒那麼在意了。不過我並沒有徹底失去對世界的感知，仍然是一個努力想活得明白，卻常常迷糊的人。看見春天微風裡的柳枝，還是會想哭，還會莫名被一首詩打動……而且，謝天謝地，還有夢、有焦慮。

從一個幾乎與世隔絕的小村莊走出來（八歲前的世界沒有電，每天晚上點煤油燈照明），到今天生活在這樣一個被無處不在的「現代文明」包裹的環境。其間種種，言難盡，意難平。

哪種人生值得羨慕？應該是豐富吧！多一種生活經驗，等於多活一次人生。回想我這豐富的四十年，這輩子擁有很多好運。

而且，還總覺得好戲才剛剛開始。

那天參加一個節目，三十歲的主持人也問我有沒有年齡焦慮，我的回答是：

「三十歲的時候比現在更焦慮年齡，那時候在電視臺，壓力來自於工作吧！現在反而放鬆點了。人在變老的同時，時間會附贈禮物的。」

我記得以前看過一部電影——《王牌天神》（*Bruce Almighty*），裡面有段話，大概意思是：當有人希望自己有耐心，你認為上天是直接給他片刻的耐心，還是給他一個獲得耐心的機會？當有人企求自己更勇敢，你認為上天是直接給他一時的勇氣，還是給他鍛鍊膽量的機會？又或者，你渴望和伴侶的關係更親密，那上天是直接給你們片刻歡愉，還是給你們一個共度難關的機會？……我想說的是，有很多特質，年輕時不曾擁有，時間和經歷都給我了。勇氣、信心、愛，對我這個普通人來說，並不是生來就有，這都是歲月給我的禮物。

節目裡也談到「新青年」這個詞。生於 1980 年代，和 1990 年代的同事相比，差別似乎也不大，優點就不用說了，但都有一樣的局限。我認識的 1970 後就會好些，老實說，他們其實更自由、更開放，他們有過比現在更好的人文環境。我總覺得，生而為人，還是應該有更遼闊的視野和使命，餘下的人生要努力活出這一部分。

主持人還問我，有沒有同行者？心靈上的同行者。說實話，很少。每個人的成長步調是不一樣的。當我在某個時刻，體會到某種東西，我常常發現，自己是一個人站在這裡。但這沒什麼不好，這很好。或許是年齡帶來的禮物吧：年輕時怕孤單，怕跟別人不一樣，現在不怕了。

雖然我自己是做衣服的人，但是我一直覺得衣服並沒有那麼重要。我特別希望我做的衣服能夠幫助女性把「我這樣到底好不好看」、「我這樣穿是不是能讓大家喜歡我」這些負擔放下，我希望一個女人穿上我做的衣服之後，能夠忘記我做的衣服，全身心投入到她自己的生活裡，衣服不再成為她的負擔；外貌不再成為她的負擔。

一個做衣服的人，希望透過做衣服來讓更多人認為外貌沒有那麼重要，這是一個悖論，一個看起來矛盾的事情，但是我覺得它是值得我去努力的方向。

透過做衣服，我想告訴大家，衣服沒有那麼重要，找到自己努力的方向、認識自己，才是最重要的，我想這就是時間給我的禮物。

因為想不變，所以看起來我總在變

執著於一件事情，往深處走，才能從中獲得生命的廣度和深度，這是我過去幾十年來一直沒有意識到的。我總是面臨太多選擇，在選擇面前，一度認為自己是幸運的，為此得意。可是，過多的選擇和機會，一定更好嗎？

我們常常會發現，身邊那些有力量的人，他們往往稱不上世俗所謂的優秀，他們有很多問題、他們沒有過多的選擇，只是生活選擇了讓他們成為什麼樣的人。而他們穩穩地接住了這被動的選擇，從而開始主動地努力和慢慢地獲得。

相反，那些擁有過多資源和機會的人，一輩子左顧右盼，在鮮花和掌聲裡漸漸迷失了自己。

我說的是有力量，不是世俗意義的成功。是每天臨睡前，可以平靜安寧地對自己說一聲:今天，我對自己滿意。

在藏傳佛教裡，活佛的遴選有很多步驟，其中一個是拿一堆物品在有可能是轉世靈童的面前，讓靈童自選。靈童會在一堆物品中，選擇那個多半是最不起眼的物品，那是他的前世舊物。以此確定，他就是他。

我們不是活佛，我們都是一個又一個的普通人，但是人生的選擇與放棄，誰都需要面對。

面臨的選擇過多，或你選擇了過多的東西，其實是不會有滿足感和幸福感的，這個時候，你只看得見欲望，而欲望怎麼可能填得滿呢？

越長大才越明白，投入到一件事情裡，哪怕偏執、哪怕不被理解、哪怕孤獨，幸福是會從那一件事的深處開出花朵來的。

到現在，每當我面臨選擇的時候，我都會問自己：這個選擇是不是我可以承擔的？是不是和我本來的性格相符的？會不會影響我目前在做的事情？能不能讓我的生命更完整？如果這四個問題的答案都是肯定的，那我會毫不猶豫地去做；反之，我會果斷捨棄。

而且，慢慢地這麼做，就會驚訝地發現：你越來越不需要做出選擇了，人生正在向你呈現出不需要選擇的道路，那條路就在那裡，你只需要往前走就好。

於是，走著走著，就成為今天這個樣子了。

冥冥中一定有一股力量，把我拉到了今天。上天給每個人不同的使命和任務，這裡撞一撞，那裡碰一碰，你以為不公平呢！你以為老天在開你玩笑呢！其實呢！所有的遭遇都是為了讓你朝一個方向去，只是你不知道那個方向通往哪裡而已。沒關係，上天知道，命運知道。

啊！有好多話想說，但是又不知道怎麼說，那些感覺到的東西，文字是說不出來的，它們長在身體裡，在每一個毛孔裡鑽進鑽出的，所以會有詩歌啊！能寫詩的人真幸福。

就像我現在比任何時候都更渴望秋天的到來，人只要有了盼望，日子就算漫長，也是甜蜜的漫長。可是，秋天有秋天的好，秋天過去，有冬天的好。為了心中的美好，不妥協，直到變老。

我就是要慢慢地過日子，每一天都長長的。

我要活在細節裡，不是目的裡。

比如，做一件很滿意的衣服。

比如，我還在寫字。

因為做過太多的事情，常被人說我做事情全憑興趣，率性而為，是個沒有耐心和恆心的人。開了幾年休閒農業，轉行了；當了幾年主持人，辭職了；教了十年書，也離開了。身邊最親近的朋友都這樣定義我，我自己有時候都快信以為真了。

但，不是。

因為內心有堅持；因為對自己有要求；因為從未放棄成長；因為要保持靈魂的乾淨，所以會根據外部世界的變化進行調整。因為想不變，所以看起來我總在變。

變去變來，不過是想守住一些自認為應該守住的東西。

活在細節裡，而不是目的裡，那些為愛所付出的代價，是永遠都難忘的啊！

用生命的姿態去追求有美感的人生

「她站在那裡，用確定但又輕微的聲音和我說話，她纖細的手指輕拈桌上的塵土，她聆聽，清掃，她與她身上的那件淡藍衣衫達成默契，彼此相信，她用她特有的步調走過去，坐在窗前寫一封信……她的生命狀態，她整個人生就像是一件作品。」

這是我曾經寫過的一個女人，是我夢想中最美好女人的樣子，「她整個人生就像是一件作品」，這是我能想到的，對一個女人的最高評價。這句話的意思是說，就像畫家用畫筆在白紙上作畫；歌手在臺上演唱；設計師用面料搭建衣裳。總有一類人，用他們的整個人生，作為材料和工具，不斷呈現一件流動中的好作品。

今天突然想起這句話，也提醒了我，如果我們每個人都去追求一種有美感的人生，而不是世俗所謂的成功和幸福，那麼，每個人都可能是藝術家：你的作品就是你的生命狀態。

很多人問我夢想是什麼，這是個非常不好回答的問題，想通上面這個意思之後，我試著作如下解釋：我的夢想就是把每一時刻的自己安頓好，盡量讓人生變成一件作品，而不是產品。

追求有美感的人生，懂得節制和分寸，在各種事物之間找尋平衡點。

節制和分寸，不要以為只有在減肥者面對食物時才需要，事實上，終其一生，我們都在尋求分寸感。尤其在當下這個散亂的世界裡，你要時刻清醒，才能做到對過盛的物質保有適可而止的態度；同時，面對各種碎片化訊息，你還得保持警惕，不讓它們入侵了你真實的生活，這些，都是分寸。

岡倉天心在《茶之書》裡寫：「蓋日常生活的庸碌平凡裡，也存在著美好 —— 對這種美感的仰慕，就是茶道茁生的緣由。在純粹潔淨中有著和諧融洽，以及主人與賓客禮尚往來的微妙交流，還有依循社會規範行止而退，而油然生出的浪漫主義情懷，這些都是茶道的無言教誨。本質上，茶道是一種對『殘缺』的崇拜，是在我們都明白不可能完美的生命中，為了成就某種可能的完美，進行的溫柔試探。」茶道如此，藝術何嘗不是？人生亦作如是觀。

沒有誰的人生是完美的，但追求完美的姿態卻可以變成美。這聽起來有點宿命的悲傷，悲傷就對了，適當的悲傷也是美的一部分，它讓我們懂得快樂為何物。

醜人多作怪，不是說長得難看的人，同時會做讓人討厭的事。而是，如果一個人不具備最基本的審美力，那麼他做的其他事，也可能漂亮不到哪裡去。這個看法根深蒂固，以至於影響到了我對很多事物的評價，比如幫孩子選繪本，往往只看封面就能確定要不要買，封面的美醜決定了我對文字風格、故事含義等一切的判斷。再比如，我刪掉了幾個訂閱的文學類社群平臺帳號，原因不是他們的內容差，而是我受不了他們粗糙的排版，進而失去了閱讀的欲望。還有，我曾經遇見一個詩人，他完全不符合我對詩人的想像，後來我讀到他的詩，果然不是我認為的好作品。

美是一種道德和禮貌，你有責任營造一個美的環境和自身，這是你對自己的責任，也是世界對一個人的基本要求。

什麼是美？這個問題，不同的人有不同的回答。在我看來，花朵開了，小草綠了；天是藍的，水是清的；小朋友看見一隻小鳥從天空飛過，會冒出感嘆詞；你用一上午的時間默默清掃房間；隔壁爺爺清晨背著手從窗前走過，唱個歌曲……這些都是美的。美在具體而又微小的事物中，美透過細節呈現宏大，從而讓某種感情或精神走向永恆。

第二部分
從做衣服出發，往更廣闊的方向行進

從做衣服出發，
往更廣闊的方向行進，
貼近日常，不在意時間的洪流，
獨立、謙遜、理性，「這樣就好」。

從此我混裁縫圈，可以帶刀走江湖

工作室應徵裁縫師，來了一位鴨舌帽大叔，面試做一件襯衣，臨走時我問了他家裡情況，請他過兩天等通知。他出門五分鐘後返回：「那個，老闆，剛才妳問我老婆是做什麼的，我說她走了，不是跟別人跑了喔！是走了，就是死了！」說完咬嘴唇轉身離開，留我一人杵在原地。幾秒鐘後回過神來，心想，就是他了。

第二天，大叔主動打電話來：「老闆，妳考慮好要僱用我嗎？要的話，我得先跟妳說，年前不行了喔！我馬上要去女兒家幫她帶孩子，過完年，三月分才來喔！」

好吧！我叮囑他一定要來，我等得起。我知道他一定會來，是經驗和直覺讓我有這樣的確定。我認識好多好裁縫，他們都有屬於這一行的特殊氣息，這位鴨舌帽大叔就擁有這種氣息。

做衣服、鞋子以來，每天在成堆的面料和圖紙裡翻騰，身邊圍繞的都是這些簡單、認真又執拗的人。

皮鞋作坊劉師傅送貨來了，熊抱一疊超過頭頂的鞋盒，鞋盒後面那顆腦袋從旁邊伸出來，四六分的黑頭髮，掉下一縷遮住一隻眼睛，一咧嘴，一顆白得不真實的假牙突兀出來。他也叫我老闆，聲音大得能把天花板上的灰塵抖落：「哎！老闆，這次的貨沒話說，好得很。」

我一雙雙檢查，抽出其中一雙：「這雙鞋幫不一樣高，上次就退你了，怎麼又來？」他笑得尷尬：「啊！妳眼睛真利，退！」這位打過無數次交道的皮鞋匠，即便耍點小聰明，也還是真誠的。

第一次找劉師傅做鞋子，我抱著女兒小練進他的作坊，他就在堆滿鞋楦的小屋子裡翻騰，一邊招呼我，一邊按住頭頂架子上就要掉下來的皮料。他一開口，小練就哭了，她從沒見過這種說話像吵架的人。用音量高低來表達對一個人的熱情，這原始而直接的方式，是粗俗的人情味。

做皮包的花哥是生意人，也是手藝人，有手藝人對自己專業的堅持和驕傲。冬天開始的時候，找他做兩款皮包，圖紙拿過去，好說歹說，他也不做，理由是：「老闆妳也給我弄個難度高一點的嘛！太沒有挑戰性了。」

有一回，約了花哥去皮料市場找材料，一上車他就鼾聲如雷，下車看到好皮料，卻兩眼發光。回來的路上和他聊天，問他賺了錢最想做什麼，他回答得乾脆：「當然是買房子，然後租出去。」我問再然後呢？他愣了一下：「喔！錢多了，就再買房子租出去……。」

花哥總那麼用力地活著，他這兩年真的買了兩間房子，租了出去，他自己一家卻租住在更便宜的房子裡。每天他坐在作坊工作臺前縫皮料，總是嘴巴咬得歪向一邊，眼睛鼓起來，眉頭收緊，他那種投入生活的樣子，總給我一個錯覺一好像隨時都在默念：日子過完，就真的不會回來了。其實他沒有想吧！連想這些的時間都不捨得吧！

做衣服第二年，我們自己的工人做不過來了，找一家小廠商合作。廠長穿西裝、打領帶、提個公文包來工作室談生意，一進門就遞上名片，一聽到我們的量，轉身就走(那時我們一款衣服差不多做五十件，這家廠商最低要求是單件要五百)，我弟弟追到門口，遞給他一個紙袋子，裡面裝了一瓶白酒和我的一本書。

第二天，廠長主動回話說，專門安排兩名工人為我們做。一來二去大家混熟了，我問他當初怎麼又願意了，他說：「我看到妳寫的那本書。」「呀，你看了嗎？」「沒看，就是看到了，看到了妳是個寫書的嘛！」他在生意裡精於算計，卻對寫書人有最簡單的相信。

工作室的服裝製版師也是因為面試時，見我一屋子的書才留下來的，「讀書人總不至於拖欠薪水」，他當初這麼想。

服裝製版是個技術活，師傅做了十幾年的車工和裁縫，才升級成版師，他顯然看不起我這個整天畫圖的設計師（等於是光說不練），每次給他一個款式，他就指手畫腳，說這裡不行，那裡不對。有一天，他把我惹火了，我拿起剪刀，三兩下剪出了冬天那款肩部有摺子的小花裙 —— 他之前一直抱怨那個摺子無法實現。還沒等他反應過來，我拿著這堆剪好的布，坐在縫紉車前。我說：「你，過來，我做給你看。」

小花裙做出來了，版師一把抓過，拿在手裡，翻過來翻過去，嘟囔著：「嗯！要得，把肩膀再挑起來點……」

衣廠的廠長來拿布料和樣品，和版師因為一個細節吵了起來，聲音蓋過版房內機器的嘶鳴，車工們嚇得不敢呼吸，我從裡屋走出來，一跺腳一拍桌：「給老子閉嘴！」

那氣沉丹田後發出的聲音，不但把他們震住，也把我自己嚇到了。我身上那點文藝女青年的小清新、小情調，瞬間灰飛煙滅，生活粗糲的質感，就這麼顯現出來了。

從此我混裁縫圈，可以帶刀走江湖。

對一切靠手藝生活的人充滿敬意

整整一個月，工作室瀰漫著木頭的香味。是木頭本身的香味，不是某一種特殊木料的特殊香味，這香味甘冽清爽又直接，透過滿地的木屑和刨花散布出來，塞滿了整棟小樓。

工作室搬到新地方，一樓要做成公共空間，看了好多家具賣場，都找不到想像中的樣子，於是畫了圖，請來木工，整個一樓就成為臨時的工房。

坐在二樓辦公室，能聽到木頭被鋸開的聲音、打榫頭的聲音、刨平木頭表面的聲音、拋光的聲音……這所有的聲音匯集在一起，這混合的、時有時無的聲音，以及木頭本身的香味，讓人安定，尤其在雨天，有種「甜蜜而古老的暖意」。

兩位木匠，一老一少，都沉默，他們每天待在一樓低頭做事，在一堆木料和刃器之間勞作。人把注意力集中在手裡的事物上，語言就顯得多餘了，這沉默讓我對他們的技術有了最基本的信任。我有偏見，很難想像一個能說會道的人，會是一個好匠人。

這沉默，也是手藝人的尊嚴。

對一切依靠手藝生活的人充滿敬意，「不管世界如何糟糕，努力的人總有獲得。」這句話放在匠人身上，是一定的。「匠人」在日本稱為「職人」，江戶時代對職人就有「職人氣質」的描述，「職人氣質」意味著工匠的性情多半倔強、偏執，同時也是對他們專注、勤勞的人格魅力的肯定。

找到這兩位木匠，花了不少功夫，在一個一切講求效率和發展的世界裡，少有沉下心來低頭做事的人。要知道，我需要的是能做出一整套家具的木匠，而不是家具廠裡流水線上的一個工種。後者隨處可見，他們可能待在一家工廠裡，工作七、八年，年復一年，只做一件事情，也只會做一件，比如，把木頭噴漆，或者釘釘子。這是現代化的流水線，人的身體正成為機器的一部分。

人一旦成為機械化中的一環，身體與內心的感知就會分離，在這樣的過程裡，人不會快樂（準確地說是不能從眼前的勞作裡得到身心合一的快樂），生產出來的東西可能「標準」，卻沒有時間與情感的堆積。正因為如此，我們的服裝工作室一直反對流水線上的成衣製作，所有的車工必須學會獨立完成一件衣服，而不是只會鎖扣眼或者剪線頭。

日本作家鹽野米松說：「傳統的勞作需要身體、思維和體驗的共同參與，全身心地在這個過程中。從事傳統手作，需要讓你的身體先恢復到能夠做手藝的狀態，就像騎腳踏車，這項技藝無法透過書本習得，一定得靠身體來記住這項技能，這是一個記憶的過程。愉快的感受一定和記憶有關，手藝幫助我們建立與記憶的關係。」

小時候特別羨慕班上一個木匠的孩子，因為他手裡總有各種好玩的木頭玩具，那是他的父親用廢棄的木料信手做的，可能是一個彈弓，也可能是一把手槍，或者一個可以裝橡皮筋的小木盒，總之是全天下獨一無二的存在。可以想像，那個父親在製作這些小物件時，那種滿滿的期待和全身心地參與。有情感投射的器物，自然有讓人親近的氣質，所以，不管是多麼笨拙的一件玩具，它都是剛剛好的樣子，與那些商店裡陳列的五顏六色的塑膠玩具相比，當然有本質的不同。

「她是木匠的女兒，不愛講話。」很長時間以來，對這句話著迷，我會把它想像成一部長篇小說的開頭，那個木匠的女兒，她綁著兩條又黑又長的辮子，嘴角上翹，倔強地歪著頭。她坐在父親工地上的木屑堆裡，抬起一張有幾粒雀斑的臉，望著天空發呆，所有的故事由此展開……。

一個強大的人，應該不畏被看見，也不怕被忽視。

如果我們每個人都去追求一種有美感的人生，
而不是世俗所謂的成功和幸福，
那麼，每個人都可能是藝術家：
你的作品就是你的生命狀態。
越長大才越明白，
投入到一件事情裡，
哪怕偏執、哪怕不被理解、哪怕孤獨，

活得漂亮，就是活得講究一些，
活得認真、專注一些，
並且活出自己。

先把自己點亮，才能為別人帶來光。

我們仍然選擇用我們真誠的方式，
面對生活，擁抱生活，儘管有時候，傻傻的。

節制地面對食物，
首要目的不是為了更瘦更美，
而是為了更好，這個「好」，比美更美。

我希望透過衣服這個媒介，向更多人傳遞：
過一種忠於內心的、真實的生活，
讓每一個女人成為她自己。

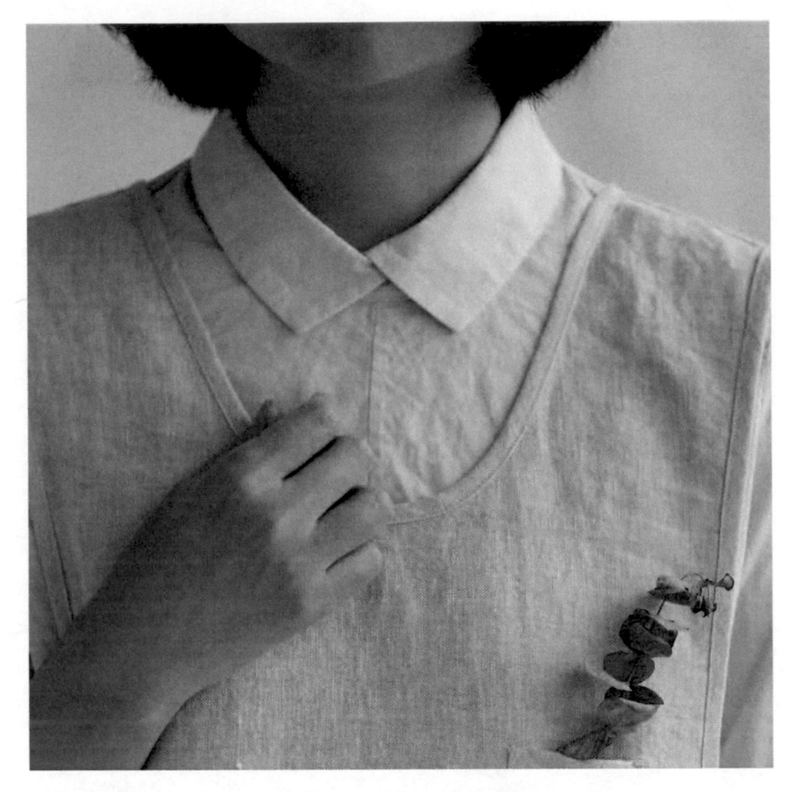

做你喜歡的事，並且，窮盡一切可能，把它做好。

做任何一件事情都是如此，
專注、精進、扎實地往前做，往前走，
把目的放下，
自會有一種自然的方向感，帶你到應該去的地方。

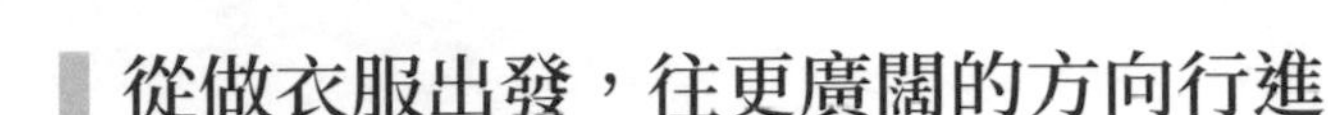

從做衣服出發，往更廣闊的方向行進

趕著「遠遠的遠家」上新品，所有的款式在離開之前就全部定稿，但從想法到可以觸摸的衣服，這個過程是漫長的，感謝我們的團隊。

這次的新品全部是「遠家」原創，我們的設計，我們的做工，一件一件做出來。今天在遠家，看到慧子幫新衣服鎖扣眼，客人們有點覺得不可思議，原來衣服真的是這麼一點點做出來的。

「遠遠的遠家」不知不覺就做成了現在的樣子，慢慢有了一套屬於我們的流程，慢慢感覺到壓力，也慢慢看到更多希望。做事情就是這樣，一開始想得很美好，做的過程會有煩惱，很多很多的煩惱，也有搖擺和質疑，但是一回頭，一路上那麼多收穫：友情、經歷、克服困難的快樂……於是又變得堅定些。

有個女孩子私訊給我，說她想開家花店，但是又怕離開現在的公司，會失去安全感。我告訴她，自己做事是有風險的，這個風險包括：經營的風險、夢想在實現過程中被繁雜事務磨滅掉激情的風險。在我看來，第二個風險對人的考驗更大，對人生的損傷也更大。

我現在也在時刻提醒自己，要對第二點保持警惕，什麼時候敷衍了、懈怠了，就會警覺。嗯！那句老話很有用：想想當初是為什麼出發的。

是誰說過，任何一種生活過久了都是一樣的，不同的是每個人在心裡經歷的東西。

整理了最近兩個月遠家的原創衣服，每一件衣服都經歷了這些：提出想法，畫圖，找布，製版，修改，生產，拍照……每一步，走得踏踏實實的。

以前從未想過會把做衣服當成一件正經的事來做，至多只是玩玩，這麼玩著，又有遠家家族陪我玩，還就真有點樣子了。

我本是這樣的人：興趣太廣，什麼都想試試。但找到讓自己真正感興趣的事情，真的滿重要的。我自己對是不是真的喜歡某個事情有一個標準：是不是享受過程。如果這個過程讓我特別享受的話，我覺得我是喜歡的；如果在做一件事情的時候，我只是想要結果，這個結果拿到了，我就可以去炫耀，滿足我的虛榮心等，那可能就不是真的喜歡，因為你只是活在某種目的裡，而不是過程裡。

直到今天，自己似乎有點方向了，但還是應該再往裡走，沉下去。從做衣服出發，往更廣闊的方向行進，貼近日常，不在意時間的洪流，獨立、謙遜、理性，「這樣就好」。

雖然說做衣服也好，鞋子也好，多少有些自己的想法在裡頭，但總覺得那些基於滿足功能之餘的小小嘗試和改變，根本談不上設計。印象中，設計是要畫圖啊、上色啊、計算啊！是要做加法，是要有所創新的，而我本能地在一開始就拋棄了這些，我想，我只是想做最簡單的衣服。

也就是說，我不過是在做減法。把那些裝飾去掉，把那些風格去掉，老老實實地、簡樸地做純粹的衣服，忠於布料（材料），展現屬於它本來的美，讓衣服回歸「日常」。衣服是給人穿的，更應該關注穿著者本身。

生活中我百分之九十的衣服都是自家的，「因為自己想穿那樣的衣服，所以就做了」，幾乎每一件衣服都是這樣誕生的。

如果做一件事，連你自己都不相信、不喜歡，說嚴重點，連自己都不感動，又如何感動其他人呢？

做任何一件事情都是如此，專注、精進、扎實地往前做，往前走，把目的放下，自會有一種自然的方向感，帶你到應該去的地方。

比如在冬天埋下的種子，一到春天就枝繁葉茂；比如管理好作息，少吃多動就會有健康而美的身體；比如認真做出一件好衣服，就能和你們在精神層面建立溝通，以及獲得認可。

做衣服的這幾年，最大的收穫是：只要付出努力，就一定有所回報。

在簡單的手工裡，和自己相處

我理想中美好的一天是這樣開始的：早晨自然醒來，整理完畢，泡一杯咖啡，這一天沒有特別需要做的事，書架上隨意拿出一本書，讀幾頁，在房間裡走來走去，發發呆，然後就坐下來，坐在我的手工工作臺前，拿出我珍愛的印花布，開始構思：今天，我要縫什麼樣的小東西？這個東西適合送給誰？

這個時候，面對手中的小活計，我深切體會到物質世界所包含的精神之美。讓每一件手工作品富有精神的含義，「用精神的鑰匙來開物質世界的門」，我覺得那門內的世界，美好得就像初戀。

我人生的第一件手工作品，是幫我外公織的一條褲腰帶。用兩根竹籤削成的棒針當工具，材料是我媽媽的一件舊毛衣拆下的線頭，我本想幫自己織一條髮帶的，但是不會收針，只會往前織啊織。早上我媽媽幫我起好針，就出門了，我從早上開始織，織到下午，我媽媽都還沒回家，那條髮帶就自動升級成了很長很長的褲帶。

那條褲腰帶，我外公用了好多年。

上大學的時候，流行幫男朋友織圍巾，寢室熄燈後，整個樓道裡坐滿了手捧毛線的女孩，大家安安靜靜地坐在微弱的樓道燈下，捧棒針的雙手擺在胸前，擺成一個虔誠的姿勢，一針一針地織著，偶爾會聽到一聲棒針掉到水泥地上「丁零零零」的聲音，那聲音穿過安靜的走廊，像極了女孩們心中細細密密的小心思。

我沒有男朋友，躺在床上和同樣沒有男朋友的小梅聊天，聊將來要找個怎樣的男人，聊著聊著，門開了，一個腦袋探進來：「親愛的，幫幫忙啊！我掉針了。」

沒有男朋友，但是我的手工技術絕對可以當女孩子們的老師。那個時候，差不多班上每個女孩子送給各自男朋友的圍巾裡，都有我的功勞：起針、收針、加針、減針、勾花，或者有人織到不想織了，我幫她們收拾爛尾工程。

因為會玩手工，我常被人冠以「勤勞」、「溫柔賢慧」諸如此類的美名，這實在是個天大的誤解，我只是喜歡玩，興趣所在，這和有人喜歡打遊戲、有人喜歡逛街、有人喜歡打麻將是完全一樣的道理。只是玩著玩著，就像文章開頭說的那樣，似乎找到了內在的精神含義，有些什麼珍貴的東西被喚醒了，便覺得這一切，更好玩了。

因為「手工」總是和勞動相連，而在很多人的印象裡，勞動總是需要勤奮、辛苦的，需要不斷學習，不是「玩」的。就像小時候，我很不喜歡，但老師總放在嘴邊的一句話：「書山有路勤為徑，學海無涯苦作舟。」為什麼是苦呢？如果這話改成「書山有路玩為徑」或者「學海無涯樂作舟」，是不是喜歡讀書學習的孩子會多一點呢？

這個世界有太多不正常的事情發生，所以那些正常的普通事反倒顯得特別了，比如做手工。最近看到某作家在部落格上說：「今天，人們做什麼都會自然地跟日的掛鉤，背後是一些功利性的驅使，衡量很多東西的標準是商業利益或社會認知度。而人本身該具備的很多東西，都在這種標準下消失了。玩物才能『尚』智。」

玩物才能「尚」智，這話說得好。而且你不得不承認，簡單勞動可以讓思想更加自由，人處在一種簡單的瑣碎中，心靈反而更放鬆，精神世界的昇華不一定是讀了很多書、走了很多路就能完成的。有時候走過田間，看到那些在土地上自由勞動的老農民，他們臉上呈現的智慧，他們口中說出的那種直白、深刻、和土地相連的話語，總讓我心生敬畏。

常有人問我，你怎麼會有時間做手工呢？

仔細想想，「沒有時間」實在是個很虛無的理由，關鍵在於你想不想去做，願不願意把大把時間「浪費」在你認為美好的事物上。幾塊碎花布，在你的拼接下，變成讓人驚訝的模樣，飛針走線裡，它們開始生動，開始有自己的風格和氣質。這過程在我看來，美好得很。

人到了一定年齡，開始更在乎自己的內心，開始去思考那些年輕時來不及思考的問題，喜歡一個人靜靜生活，少了抱怨和解釋，多了沉默和孤獨，甚至妥協。所以，我喜歡在簡單的手工勞動裡，和自己對話，與自己相處。

我是這樣來解釋自己和手工的關係。

我們生活在一個散亂又匆忙的世界，如果不是被這手中的小物件吸引，還真難找到一段獨自面對自己的時間。沉下心來讓身體投入到一項簡單勞動中，精神就會得到放鬆。

過去這半年，我的人生經歷了不小的變動，在最艱難的時刻，我選擇拿起畫筆，在布上塗抹（這也是手工），我幫自己畫了一片油菜花地，兩朵玫瑰，一瓶百合，在畫的過程中，那些花呀草呀安慰了我，緩解了我的焦慮。

畫畫這件事，是很沒有企圖心的，全憑興趣。可能一年畫很多，也可能幾年不動筆。我什麼都畫過，早年還臨摹名畫拿去賣，就覺得是一件很好玩的事情呀！不管畫什麼，畫畫的時候內心總是很平和，自我消失得乾乾淨淨，可以說是巨大的休息。可能是以上的原因，小時候拿起畫筆，終究到今天還沒有完全放下。

我嘗試開網路商店，也是來源於最初自己畫的一雙鞋子，我把自己夢想中的丁字牛皮鞋的樣子畫出來，找鞋店的師傅，跟他做了好幾次艱難的溝通，終於一起做出了這雙夢想中的鞋子。

我把這雙鞋子放上網賣，居然很多人也想要，我就為她們做，就這樣開起了網路商店，然後就開始畫更多的鞋子、衣服和包包，這件事讓我快樂得不知所措。

我跟朋友們說，我現在是一個小手工業者了。小手工業者萬歲。

一間開在書店裡的服裝店

晚上十點半，貝殼、慧子和我手牽手走出書店。秋天的夜晚，沒有風，穿一件薄毛衣剛剛好。整天的忙碌之後，一顆心被填得滿滿的。

遠家的第一家店就要正式開業了，這是一間開在書店裡的服裝店。我們在店裡忙碌了大半天，整理、陳列、拍照、接待提前來購物的顧客，還開了一個小會。白天走進店裡，此刻才出來，這城市早已燈火闌珊。

「貝殼，沒想到我們今天會走在這裡吧？」我問。

貝殼斜眼看我，忍住笑，用她一貫的語氣回答：「沒想到啊沒想到，小福滴、小貝殼、小王春也有今天。」

三個人就傻笑起來。

我又問：「妳們說會不會開不下去啊？」

「怕什麼嘛！輸得起。」慧子說。

又開始傻笑。

走在這樣的夜裡，回憶起過去很多事，身邊是從小一起長大的好朋友，忍不住在心裡想：「這就是我們的黃金時代啊！」

不可思議啊！小時候扮家家酒愛玩的「開商店」遊戲，竟然就這麼玩成真了。

早在十四年前，我們就一起開過真的服裝店呢！當時是一棟公司的三層樓房，一樓其中一間三十多平方公尺的店面屬於我們。租下這個店面，聯絡做外貿的好朋友李楓，她負責發貨，我們負責賣衣服，這店面就有了一個響亮的名字：Go Spring。名字是英語系的李楓取的，我起了個中文名，叫「走向春天」。

那時貝殼還在報社當記者，我在電視臺和學校做兩份工作，只有慧子全職看店。我和貝殼一有空就往店裡跑，尤其是我，每天奔波在電視臺、學校和服裝店之間，連吃飯的時間都沒有，但整個人被一種激情餵得飽飽的。

店鋪只開了一年，所在的老樓房就被拆遷了，那個時候誰會想到，今天的我們自己做起了衣服、開起店了呢！

也當然沒有想到遠家的第一家線下實體店面會是在書店裡。

我大學畢業那年進了一家公司 —— 某房地產負責企劃部文案的工作。受張愛玲小說的影響，租了巷子裡一棟老舊樓房的樓梯中間房，空空的小房間，什麼也沒有，斥巨資買個床墊扔地上，算是有個家了。

七天後因為一些原因，單方面毀約，沒有繼續這裡的工作。如果沒離開，應該會很有錢吧！那時候房地產市場剛剛興起。

返鄉後在雜誌上讀到一篇文章，主題是什麼已經忘記了，只記得文章裡說：「一座城市，透過不同的交通工具走近它，你的感受會完全不一樣。」

就想起自己是坐了好幾個小時的火車去的，火車搖搖晃晃，火車站擠滿四面八方湧來的人，我是其中小小的一個。我還在火車站廣場上拍了張照片，用塑膠膜包起來，現在還在。照片裡的我二十一歲，滿臉青春痘、一件高領毛衣配臃腫的大衣外套、高跟鞋、西裝褲，努力想讓自己看起來成熟點。城市的霓虹燈閃爍，那時的我覺得一切都太大、太複雜了，抓不住。

第二天一早面試結束後，我走出房地產公司的辦公室，在一側小街的麵攤裡坐下來點了一碗魚香肉絲麵，不甜不鹹的味道。

要是坐飛機來，也許味道會不一樣吧！也許，我也不會離開吧！

遠家實體店就要開業了，貝殼囑咐我早點睡，我說好。一回頭，發現她已經睡著了，我悄悄爬起來關燈，躺下來，想著明天，感覺有點累，有點緊張，也有點說不出的安寧。

穿衣服的人比衣服本身更重要

我做的衣服，希望穿著它們的人是什麼感覺呢？就像老朋友，輕輕鬆鬆與之相處，讓人聯想起某些已久遠的場景、一次相視而笑、一次怡人的沉默。

這個時代越蒼白，時尚的東西越能產生廣泛共鳴。我的衣服大概永遠不會成為流行。衣服是我與世界對話的方式，如果說關於做衣服還有什麼野心，那麼就是，我希望透過衣服這個媒介，向更多人傳遞：過一種忠於內心的、真實的生活，讓每一個女人成為她自己。

我只做合適的衣服，而不是「正確」的衣服。就像人一樣，得體就好了，不需要那麼正確，正確往往會遠離生動。我有一個朋友，她有很多缺點，但我喜歡她，連同她的缺點一起喜歡，我是想在她身上找到想要的自己吧 —— 是的，不需要活得那麼正確。

衣服是靜止的，但人是活的，不同的人會賦予它不同的意義，每一件衣服從它被製作出來，就開始了另一種生長，它的溫度和感情是穿衣服的人與它共同創造的。要記得，是我們在穿衣服，不是衣服在穿我們。

正如一起喝茶的人比喝什麼茶重要，穿衣服的人，也比衣服本身更重要。

一件衣服好不好看，要看是什麼人穿，穿在什麼樣的環境裡，風格、質料、流行款式等都是次要的，最重要的是「恰當」，也就是得體。一個人處在一個環境裡，要穿什麼樣的衣服才和這個環境相襯？可以互補，可以融入，可以點睛，但總之，首要的就是恰當。

平原上的油菜花每年都會開，大自然從不放棄展示它的美，不管我們看不看得見，它就在那裡，在細微而日常的事物中，蘊含著永恆，我希望衣服也是這樣。

選材質、畫圖、做衣服、修改、試穿、再修改、幫衣服拍照、選圖、再補拍……做這些事，很多時候就是跟自己作對，「腦子裡想法太多，而手上只能完成到這一步」是綿長但有期待的痛苦。

看到一句托爾斯泰的話：「發現一切事物都進行得很好，而我自己已過時了，我改好了，可是老了。」真是觸目驚心。我不怕老，但覺得無論何時，接受和體會當下這一刻都是很重要的能力。不要等什麼都好了再怎麼怎麼樣，我喜歡做一件衣服，我就要馬上做衣服，而不是「好像我們經歷的一切，到這一刻為止的生命，都只是彩排，盛大的演出還沒開始」。

「每件都一樣，又不一樣」這是我想透過衣服傳達的。

大的方向是一樣的，但總要追尋一點小小的意外，很小的一點點。人與衣服之間需要默契，太多的變化會帶來疏離，但若是不變，又無趣了吧！就這麼一步步朝一個方向去，那個方向是什麼？我知道。

女人有時候男人味一點也好看，粗線條下包裹一顆柔軟的心，衝撞總會帶來意外。

未來做出的衣服會是什麼樣子呢？我也很好奇。但我想我的衣服會越來越獨立、越來越寬容、越來越有力量。這些詞語看起來像是形容一個人，而不是一件衣服，但就是這樣。

第三部分
向生活擺出喜悅的姿態

任何一種生活過久了都是一樣的，
不同的是每個人在心裡經歷的東西。

請問要怎樣才能看起來很不一般

貝殼在她的朋友圈提到一件事，說某一天，一位看起來非常厲害的 CEO 拜訪遠家，他問，為什麼你們的人看起來很一般，但做出來的事情卻很棒？

不得不說本人也是從小到大都沒擺脫過「看起來很一般」這個魔咒。

國文老師說：「妳平時看起來很一般，考試怎麼就能考出這個成績？」

舞蹈老師說：「妳看起來很一般，沒想到上了舞臺還滿會發光。」

媽媽說：「妳看起來很一般，電視臺的人為什麼會用妳？」

好朋友丸子寫我，「在所有主持人裡，她是最不起眼的，看起來很一般。」

我在電視臺附近一間咖啡館看書，聽見鄰桌有人說：「寧遠嘛！平時看起來很一般……」抬頭發現是我們的化妝師。

直到現在，還有大學同學和別人說（別人又跑來跟我說）：「寧遠啊！和我是同班同學，上學的時候好一般。」

談戀愛時，對方是這樣誇我的：「沒想到妳看起來很一般，接觸了還滿可愛。」

十年前我還是主持人的時候，曾經發生過一件尷尬的事。去主持一位當紅作家的發布會，發布會開始前，先進休息室準備。我和一位穿緊身衣、高跟鞋的女孩（應該是書店工作人員）同時走進去，裡面坐著那位作家請來的另一位男嘉賓，他站起來朝我身邊的女孩說：「哎呀！好久不見。」那位女孩也伸出手，兩人興高采烈的樣子，突然男嘉賓接電話說：「×××（男作家）你快點，人家寧遠都到了。」

女孩紅了臉：「不好意思，我不是寧遠。」我只好探過頭說：「不好意思，我是寧遠。」

想必讓那位男嘉賓很失望。後來在臺上，男嘉賓口若懸河，還一直誇獎我，我想他是懷著內疚的心情吧！

五年前，我又在別的場合遇到這位男嘉賓，果然，他還是沒認出我是誰，被人介紹了一番之後，他滿臉驚訝：「哎呀！我們，很熟嘛！」

上大學時，我們學校常有劇組或是節目組來挑演員，通常是戴著鴨舌帽的副導演站在教室門口掃視全班後，伸出手：「你，你，還有你，麻煩出來一下。」那些被指到的

「你」就跟著副導演走了。我當然很少被指到，偶爾有一次，被叫起來去了劇場，跟全校各班的「你」站在一起接受再挑選，最後也還是灰溜溜地回到教室了。

有一次破天荒，我被一個劇組叫去拍電影了，演一個參加選美比賽（落選的）女孩，三句臺詞。回來的時候，我們班上一個同學追著我問：「真的不是特殊造型演員？」

去年，被朋友抓去主持一場發布會，因為很久沒上臺，又剛生完孩子，對上臺完全沒興趣，但礙於情面推脫不了，去現場之前我連臺本都懶得看。到了現場打開資料，才發現當天的嘉賓裡，有一位竟然是我的初戀男友（就是當年說我看起來很一般，沒想到很可愛那位），分手後我們再也沒有見過面，沒想到再見面會是在這樣的場合。當時我的第一反應是：他肯定不記得，也認不出我了。

我曾經仔細思考過，為什麼我那麼路人？長得普通是其中一個原因，生活中不愛打扮也是原因。不過這幾年我好像沒有以前那麼多「看起來很一般」了。這大概是因為自己從電視圈走出來，走進普通人的環境裡，又或者更有自信了，走路仰起頭的時候多一點？

村上春樹在一本談寫作的書裡說過一段話：「我就是一個比比皆是的普通人，走在街頭並不會引人注目，在餐廳裡大多被帶到糟糕的位置，如果沒有寫小說，大概不會受到別人的關注，肯定會極為普通地度過極為普通的人生。我在日常生活中幾乎意識不到自己是個作家。」

讀這段的時候還滿有共鳴的。我也是個普普通通的人，總是被幸運之神眷顧，被身邊的人愛護著。走到今天，偶爾也被人說「不一般」，大多數時候還是「很一般」，不過，現在的我已經能接受，並學會享受這份「很一般」。

在她河畔的居所，你看見船徐徐駛過

一

十多年前畢業後分配到理工大學教書，同時在電視臺當兼職主持人。為方便每天在兩個公司間穿梭，租了一間宿舍。那時候我每天開著一輛破舊的白色汽車進進出出，四周都是不怎麼往來的、說異鄉話的鄰居。

夏天的雨水怎麼下也下不完，住二樓，爬牆虎順著防盜鋼窗往上攀，遮住了房間僅有的一點光線。陽臺就是廚房，煤氣罐散發出悠長的味道，彌漫在不到三十平方公尺的居室裡。

之所以想起這些，是看到有人提起柯恩（Leonard Norman Cohen）。聽柯恩是那時一個人住的標準配備，在白天、在夜裡，在每一個無法與人講述的空茫時刻。與其說聽柯恩在唱歌，不如說聽他在耳邊低語。他說，你所經歷的啊！我都懂。他還說，沒關係啊！就算錯了，我也會原諒你。

李歐納·諾曼·柯恩逝世於2016年。他有一首歌叫〈蘇珊〉（*Suzanne*），其中一句徹底迷住了我：

> 蘇珊帶你下去，到她河畔的居所，
> 在那裡你會聽見，船徐徐駛過

二

牧燈師傅說：「有三件事必須堅持，堅持了，人會提升到一個新的層次。」

第一，早睡早起。她每天九點半左右入睡，凌晨兩、三點鐘起床。從三點到八點這五個小時完全屬於自己，八點以後還有一個完整的白天。

第二，節制地面對食物。她羅列了自己的一日三餐：早晨一碗粥，一點蔬菜；中午基本上不吃；晚餐一碗米飯配素食。默默算了一下，我比她多吃了不止三倍（我已經算吃得很少了)。吃得少，負擔少，精神好，皮膚也好。她皮膚確實好，我仔細看了身邊的幾個人，也摸了我自己的臉，沒人比得上她。她整個人清爽不油膩，想起一個詞「人如其食」。

第三，打坐。她建議我們每天至少打坐兩個四十分鐘，想想家裡的三個小孩，覺得自己不太可能堅持，就沒細問。

三

我們常常會說到「白老鼠」這三個字，但在認識小超之前，我從沒想過白老鼠的生命。

小超現在是我同事，他做過很多工作，印象最深刻的是，他大學剛畢業那年，曾經在一間名叫「實驗動物研究所」的機構上了一年的班。

一開始小超是被「實驗動物研究所」這個名稱吸引而去的，去了才知道，研究所一項主要業務就是養白老鼠。白老鼠養來做什麼呢？賣給各大學校、醫院以及研究機構，做實驗用，「整個城市裡所有需要白老鼠的地方都由我們提供」，他說。

小超的工作內容如下：飼養白老鼠——把白老鼠送到研究機構——回收白老鼠。因為做完實驗的白老鼠很多體內注射了化學物質，死的死、傷的傷，屬於醫療廢物，必須統一處理。每週有一天的時間，他早上拉著一車活蹦亂跳的白老鼠一家一家送；到了傍晚，換了一車不一樣的白老鼠，這一車白老鼠，有的死了，有的病了，有的瘋了……。

我們問起怎麼處理呢？小超說，本來是要焚燒的，但是焚燒成本高啊！老闆節省，就採取「深埋」的方式。養白老鼠的地方在郊外，「實驗動物研究所」背後是一座小山，他就把白老鼠拉回來，一堆一堆深深掩埋在小山上的松樹林裡。

「每一棵松樹下都埋了白老鼠。一年下來，心情灰暗，辭職了。」

四

心情不好的時候如何排解？整理房間（抽屜）啊！這個我可擅長了。平時是個不愛收拾、丟三落四的人，因此給壞心情留下了發揮的空間。

比如，事情不順、天氣不好、氣壓低，壓得一股無名火從後背往上升，還剩下的一點點理智，驅使身體挪到化妝臺，打開抽屜。

這個抽屜好亂，花花綠綠堆成小山的口紅、眉筆、粉底液、沒開封的蘭蔻小黑瓶、發票，還有一堆來自不同國家的硬幣……嗯，這麼亂，說明已經很久沒壞過心情了，這麼一想心情就好些了呢！

一邊整理抽屜，一邊整理心情，一樣一樣歸順，到最後竟然在抽屜縫隙處發現三張百元鈔，嶄新的，於是眉開眼笑。

我們會在更高處相遇

一

大小石子鋪就的山路只容得下一輛小車單行，好在除了我們，沒別的車，也沒有人。山路越來越顛簸，鄰座影的說話聲被抖出了顫音。影說：「昨夜下了一場雨，這山裡已經兩個月沒下雨了呢！鶴問天天下山拿水。」鶴問正在開車，穿中式棉衫的年輕男子，也許他的年齡比他看起來大很多，因為影說，他已經是月棧新當家了。月棧是一處道家隱修的場所，他們來接我去月棧。

車子爬了一會坡，風吹過來就有了涼意，近處的樹木有星星點點發黃發紅的葉子，是初秋了。那黃的紅的我不認識，不是銀杏也不是楓葉，這裡是山附近，我經驗之外的地帶。

再往上爬，在我們下方，出現了雨後被霧氣纏繞的山巒，我們就是從那一片霧氣裡盤旋而上。車更顛簸了，但看見腳下那些霧氣，人就輕飄飄的。

鶴問說，到了。我看四周，沒有覺得到哪裡了，還是山路和樹木。鶴問把車停好在路邊，幫我們提行李箱，鑽進一處樹林，我跟著他們走，腳下確實有路，但若不留心是看不見的。走了幾分鐘，才有一塊木牌，以為是路牌，靠近點看，兩個字：靜寂。

路漸漸寬些，彎彎拐拐，穿過茂密樹林，眼前突然開闊起來：一片半山腰上，三兩座青瓦木屋錯落，屋前百日草和蜀葵正開著花。

走進我的房間，松木家具散發出的乾裂香氣飄進肺裡。這地方，像幾年不見，再見也不陌生的老朋友。我跟影說，我想睡一覺，她把我留在房間離開了。我從兩點睡到五點，應該是夢見了些什麼的，但醒來後都不記得了。醒來看見窗外的樹林，一時想不清楚，到底走了多少路才走到這裡。

二

聽見有位少年在木棧臺上喊話：吃飯嘍！那個「嘍」字的尾音，在山谷連綿不絕，人們三三兩兩出了房間。

少年是一群白衣少年中的一位，他們常年在這裡習武學文，他們安靜的時候很安靜，熱鬧的時候很熱鬧，見到陌生人，大方作揖。

晚餐後喝茶，為我們泡茶的女孩在山中住了六年，她說和同伴剛來時，附近村民探進這山谷，第一句話是：「妳們不能在這裡生產。」看幾個女孩穿寬衣大袍，以為是懷孕了。

又聽說鶴問原本在某大學就讀，大三時隨月棧的建造者來到這裡，就再也沒離開過。

月棧的建造者叫流雲，家境優越，小時候不愛讀書，不顧家人阻攔上山學武，自此開始另一種人生。流雲還收留了一個農村孩子，也在這裡八年，如今小孩已長大成人，這兩天帶著另外幾個小孩下山雲遊去了。

這裡常年居住著十多人，除了讀書、學習，每天輪流做飯、清掃、種菜。他們每個人帶著自己不同的人生，相同的是，都活得好認真，吃飯的時候就在吃飯，走路的時候就在走路。

山谷裡無法使用手機，大家泰然自若。只有我，動不動就想爬上一處高坡，那裡才有訊號，可以滑滑手機。

三

第三天傍晚，鶴問送我離開，我坐在前排座位，坡陡，往山下開車，他速度放得很慢，我有更多時間看窗外。

才三天呢！樹葉又黃了、紅了不少，前天像畫家作畫打了底，今天開始描摹更多細節，筆尖蘸了硃砂，一點一點落在綠色背景上。路邊已經有堆起來的落葉，車輪壓過，脆生生的。

到一處山坳，我舉起手機，鶴問停了車，又往後倒退幾公尺，這裡的角度剛好看見豐富的層次：遠山，近樹，腳下發黃的雜草。

「十月還會好看些。」鶴問說。

「你一定最喜歡秋天的山谷吧？」我問。

「不，冬天更好。」

「很冷啊！」

「下雪了，山裡沒什麼人，我們就燒起炭火，煮一壺茶，在茶室看書、聊天、打瞌睡，一天很快就過去了。」

原來他們更喜歡沒有外人來，那麼美，我也想來。這話沒說出口，我來了，不就打擾人家看書、聊天、打瞌睡嘛！

「你們一年有多少時間待在山裡？」我問。

「每個人不一樣，我大部分時間都在山裡，二哥（流雲）在塵世有工作，待得少些，其他人也看情況，有時候要外出交流學習。」

「你為什麼習武？」

「怎麼說呢！我們師兄妹在這裡，有習武的、有彈古琴的，也有學茶的，還有別的，但這些都是『術』，透過這個術，來走進『道』吧。」

「就是說，這些東西最終是相通的，你們會在更高的地方相遇？」

「嗯！可以這麼說吧。」

鶴問說話很難有肯定的語氣，他總是說「嗯」、「差不多」、「是吧」，似乎是因為他總在思索，究竟哪個詞更準確。一種負責任的說話態度，讓我感覺到自己說出的每一句話都被認真對待，也就特別珍惜，盡量不囉唆。

對他們的生活雖然充滿了好奇，但又覺得一些問題問出來是不禮貌的。比如，他們怎麼賺錢維持生計？又比如，那些十五、十六歲的少年，如果他們有人想回到主流社會，怎麼辦？

離開山谷時聽見流雲說，「道」是超越人的存在，因此用人類的語言來描述「道」，本來就是不可能的。也由此想到，用我的人生經驗來「懂得」這片山谷和這裡的人們，也是很困難的事。我只在這裡生活了三天兩夜，而且大部分時間都在睡覺（不知道為什麼在這裡瞌睡那麼多），然後就是散步、爬上山坡看手機、吃飯、發呆。昨晚我在院子裡朗讀，燈光過於明亮，也看不清臺下他們的臉。但即使這樣，我還是喜歡這群人。

我還在這麼想的時候，鶴問主動開口了，他還在思考我之前問的，關於武術的問題。他說：「武術和茶道、古琴也還是不一樣的，茶和琴都有創作工具和對象，但武術呢！身體就是工具，學武之人要了解自己的身體，並且使用它。」

「喔！這個我能理解，」我說，「我演話劇也一樣。」

車子走完山路，轉到大路上，很快又上了高速公路。車速快了起來，天色暗下來，有一會兒我們都沒說話，我戴上耳機聽歌，沒訊號，新換的手機只有一首下載的歌，歌詞在唱：一切都不必重來，什麼也無須更改……。

腦子裡閃過這大半年經歷的一些事，發生的一些不愉快，眼淚悄悄流下來，心裡有些東西被疏解了，覺得沒有什麼是不能原諒的。

去過審美的人生

前兩天我看了一部電影，李安的《理性與感性》(*Sense and Sensibility*)，其中的人物表演、服飾、色調構圖、語言情感、鄉村景象，所有的表達都很美，這種美令人舒服，像順了一口氣，把內心填滿。我連續幾天都忍不住回味、思考，感覺被那種豐富性滋養。仔細想想，我覺得這背後有一種美帶來的動力。那美到底是什麼呢？

一

「美」無所不在，我們穿的衣服、看的電影、居住的環境、一本書的字體、手機上瀏覽的圖片……這些細節都藏著美，文字之美、色彩之美、結構之美、神態之美等。雖然團隊裡大多數人不是直接從事服裝設計工作，但我們每天都在和美打交道，至少，每天都在審美。

原研哉說過一句話：「設計師不代表是一個很會設計的人，而是一個抱持設計概念來過生活的人。」

類似的話，前兩天和某作家交談時，她也說過：「雖然我是個作家，但其實我每年花在寫作上的時間只有一、兩個月，其餘的時間，我則是用作家的心去思考、去工作、去生活。」

這一點同樣適用於我們每個人，無論你是什麼崗位，如果都帶著留心美、學習美以及創造美的心態去做事，那最後得到的產品就是所有美的總和。你的人生也就是一個有美感的人生。

蔣勳說：「美，看不見的競爭力」。而我想說：「美是看得見的競爭力」。特別是今天，一個自帶傳播屬性的產品，一定是美的、吸引人的作品。所以你看，審美是一種能力，看得見的能力。

二

我們總是提到審美，有時候也會評論某人審美觀好不好。那判斷美的標準到底在哪裡呢？看看唐代唐三彩的圖片，色彩明亮、絢麗，形態豐滿、生動，這種審美和那個百花齊放、包容開放的時代相呼應。

而宋代的瓷器，汝窯的天青釉葵花洗，定窯的玉壺春瓶，無論顏色還是造型，都顯得素淨、克制，充滿文人氣息，這種審美也與那個時代相呼應。

再拿畫家何多苓老師的兩幅作品來說。一幅名為〈春風已經甦醒〉，繪於 1981 年，很寫實的風格。畫中細膩的筆觸、人物情感，都給人一種春來臨前的期待。但是小女孩又是那麼孤獨，畫面傳遞的憂傷讓人過目難忘。那一年，中國持續了二十七年之久的「知青上山下鄉」即將落幕，甦醒的不僅是畫中的春風，還有那個特殊的時代。

另一幅是何老師很多年後的作品，不同於之前的寫實風格，這幅用油畫畫出了水墨感的花，更寫意、更抽象，情緒也更自在灑脫。這是結合了西方繪畫技巧和中國傳統文人墨趣的作品，呈現出一種難以言狀的詩意和神祕意境。我覺得這裡面有一種舒展，靈魂被安放得好好的那種感覺。

你看，兩個依次的時代，兩種不同的美。這些細節都使「美」多元化，沒有一套標準能對此進行評判、評分。

三

雖然美沒有標準，但美有真相。我們反覆提到兩個詞：「時代」、「影響」，反觀唐三彩的盛行，除了好看，更重要的是難得。古代染料獲取途徑單一，只能從礦物、植物、動物這些自然產物中提煉出來，價格昂貴，一般只能供達官貴人使用；而宋代，趙匡胤「杯酒釋兵權」後，文人地位空前提高，文人言論自由，上可做官為相。而人，總是會無意識地被內心渴望的東西影響。所以，一個時代的審美也很容易受權力、階級、時尚的影響。在唐代，宮廷喜歡什麼，民間就追隨什麼。在宋代，文人喜好又會影響大眾判斷。

古人比現代人選擇少，加上封建專制，自由意志不高，美的影響是由上而下的。到了現代，美呈現出更多元的面向。尤其是我們今天，世界變得越來越平，那種單點輻射的「美的隱形權力」慢慢消退了。更多人在追求個性，追求「我要跟別人不一樣」。大家都擁有自己的觀點，比如：「你們都喜歡權力，我偏不要」；「你愛穿精緻挺拔，我喜歡休閒寬大」；「我不抵制什麼，也不迎合什麼，我複雜而自由，喜歡搖滾、國畫、衝浪和冥想」等。

但你確定這些想法都是自己生出來的嗎？在這個訊息多元化的時代，你受影響的來源可能更廣。一閃而過的廣告標語標榜「回歸自然」、時尚寵兒的隻言片語表達著「拒絕從眾」、某本書的腰封寫道「女性獨立，解放天性」……我們還是在某種東西的影響裡，塑造自身的審美觀。也許你的個性，也只是因為你喜歡的某人說過：「我們要追求個性」，你其實是在追求他告訴你的那種個性。美，在今天就是相互影響的結果，沒有一個人可以不受他人影響而存在。

你所認為的「美」，也許是經歷了萬水千山的跋涉，才抵達你頭腦之中。山本耀司說：「『自己』是看不見的，撞上一些別的什麼，反彈回來，才有了『自己』。」

前段時間，我常去遠家工地和設計師及相關人員溝通。進行室內設計前，我們先蒐集、梳理每個地方的功能需求，像房間的起臥站立、開關插座方便可得的位置、窗戶進光的多少等。在滿足了所有功能需求的基礎上，再追求美，「美」便自然而然地呈現出來了。

我當時就在想，為什麼我們會喜歡這種不刻意追求，卻自然呈現的美呢？我猜這背後的原因是：我們對過去普遍存在的，那種為了好看而好看的審美趣味，產生了反感；對過多物質和金錢的堆砌厭惡。我們不喜歡讓人覺得我們在展示「我很有錢」，當然，我們本來也沒有錢（笑）。我們在追求以用為美，「這樣就好」。

這個時候，從具體的設計跳出來，我們會看到，這些年正處於極速發展、物質過剩的時期。我們不缺少滿足生活的任何物質，我們每天都被看得見、看不見的東西填得滿滿的。我們發現，那些豐富的、眼花撩亂的物質，能帶給我們短暫的快感，滿足我們一個時期的欲望，但並不能帶給我們安寧，也無法帶來美感。我們好像什麼都不缺，那我們缺少的是什麼？我覺得缺少的是「減法」，缺少「空」和「白」，缺少樸素和節制。嗯！這讓人聯想到開頭說的 —— 從唐三彩到宋瓷。

每一種審美都不是無緣無故的。所以也就能理解我們的父輩為什麼喜歡把家裡的地面裝上大理石，喜歡精雕細琢的家具；也就理解了媽媽們喜歡紗巾和廣場舞，我們要想想他們曾經生活的時代。

所以，人真的需要時常跳出來，審視周遭，思考每件事背後的動機，而不是只看表象。

做一個有心的人，在平淡的生活裡發現詩意。
有很多東西，只有你翻越了千山萬水，才能夠感知它們。

當你溫柔地對待你的生活，你想要它成為什麼樣子，
它就會變成什麼樣子。

美藏在具體而又微小的事物中，美透過細節呈現宏大，
從而讓某種感情或精神走向永恆。

我們生活在一個散亂又匆忙的世界，
如果不是被這手中的小物件吸引，
還真難找到一段獨自面對自己的時間。
全身心投入一件事，
享受它，那麼在這過程裡，
你其實已經開始收穫了。

沒有誰的人生是完美的，
但追求完美的姿態卻可以變成美。

選材質、畫圖、做衣服、修改、試穿、再修改、幫衣服拍照、選圖、再補拍……做這些事，很多時候就是跟自己作對。

會不重要，愛才重要。
我想這是我能做到的，
向生活擺出的最喜悅姿態。

做一個有心的人，
在平淡的生活裡發現詩意。

因為想不變，所以看起來我總在變。
變去變來，不過是想守住一些自認為應該守住的東西。

不能改變世界，
但至少可以努力不讓世界將自己改變。

一直相信質樸的就是高貴的，要讓物質擁有精神的含義。

喜歡在簡單的手工勞動裡，和自己對話，與自己相處。

我就是要慢慢地過日子，每一天都長長的，
我要活在細節裡，不是目的裡。

四

回看遠家，雖然我們一直堅持不跟隨時尚，但不可否認，我們仍處在「時代風尚」中。

大家思考過嗎？遠家的袍子為什麼受人喜歡？我想，這和越來越多的女性追求獨立和平等有關。首先袍子是去女性化的，它擺脫了社會對女性線條之美的刻板印象。穿袍子的女人溫柔地堅持做自己，從而走向更深層的女性意識。也就是說，穿衣服不再是為了取悅男權社會，而是能舒服、能自在。這不是一般意義的時尚，但我們可以說，這是「時代的風尚」。

而草木染呢？在快節奏的時代，消費快、浪費快，批量化的工業生產、便捷的化學染色，每一件產品不僅快，還「標準」且「完美」。但人，從來不缺乏反思，當過剩的工業化給地球和人類帶來傷害，「完美」變得冰冷，我們就開始嚮往自然與溫度了。

草木染是手工活，從發酵、搗染，到著色、晾晒的過程裡，人做一半，時間做一半，所以它慢；製作的過程受溫度、空氣、時間影響，每一件都不一樣，所以它有靈氣、有溫度；草木染必須在純天然的質料上才能著色，從自然中來，完成使命，又能回到自然去，所以它有生命力，且環保。經過草木染的產品，即使隨著時間的流逝會褪色；即使偶有染色不均的瑕疵，也會自帶一種「來之不易，請珍惜」的分量。

這一切，都是對這個時代的回應和反思。關於反思，我覺得這是人類從來不缺少的美德，人類並沒有變得越來越差，我對這一點總是抱有希望。

再扯遠一點，我曾在一篇文章中說過：「美藏在具體而又微小的事物中，美透過細節呈現宏大，從而讓某種感情或精神走向永恆。」美是有意義的，美也是可以解決問題的。

當我們局限在自己的那一點得失，被不好的情緒困擾時，不妨多去關注一下外面的世界、其他的物種、地球和宇宙這些更大的東西，也許會對人生之美有不一樣的見解。

所以，最後我要祝福並期待，我們都去過大寫的人生、審美的人生，盡力拓展生命的深度和廣度。

喔！最後我還要補充一句，我現在沒那麼喜歡袍子了，帶孩子的時候穿，不太方便，而且好像也過了那個需要用袍子來完成「策反」的時期。我變得更平和了，穿上一件皺皺的白襯衫，我也覺得很舒服。當然不帶孩子的時候，我還是會穿袍子，但確實沒有那麼刻意地喜歡它了。

我想，一個強大的人，應該不畏被看見，也不怕被忽視。

向生活擺出喜悅的姿態

一位朋友來工作室，我正披頭散髮、繫著被顏料染髒的圍裙在畫布上塗抹，招呼她後，我就繼續畫畫。她喝著茶，長久的沉默之後，對我說：「妳畫畫的樣子真好看，真喜悅。」

我想她是要表達，認真做事，是美的。

畫畫的時候，一定是專注的，拋開了手機、電腦以及所有讓人分心的事物，眼睛盯著畫布，心隨手而動，全世界就只有你自己，你自己就可以是全世界。

對我來說，畫畫也好，手工也好，以及做衣服，下廚……等，做這些就是給心自由。

人處在單純的勞作裡，心會得到巨大的放鬆和休息。這些勞作帶給我身心合一的喜悅。「身心合一」是我們隨意就能說出來的四個字，但真要擁有，並不容易。

手工好不好沒關係，畫得好不好沒關係，就像朋友 Yoli 說的那樣，「會不重要，愛才重要」。

全身心投入一件事，享受它，那麼在這過程裡，你其實已經開始收穫了。

很小的時候，我學過畫畫，但那個時候學的是「畫畫的技術」，不是「透過畫畫讓自己更敏感，更具有懂得美、懂得愛的能力」。也因此，那個時候學畫畫，跟學數學、學英語、學把魯迅的文章歸納中心思想一樣，只是「應該學」，而不是「我想學」。

說起來，真正喜歡上畫畫，是從莫內 (Oscar-Claude Monet) 開始的。第一次看到莫內的《睡蓮》，是在十五歲那年，在書店，從一堆考前指導參考書裡，突然出現大開本的畫冊，封面上大大的兩個字「莫內」，背景就是光影交織的水面上，看似隨意堆砌又果斷堅決，似乎「非如此不可」的幾朵睡蓮。

「喔！原來可以這樣畫。」

彼時我每天被各種教條填滿，所有的學習都指向一個標準：美術類考試。而這斑斕的水面，卻準確無誤地給我一種酣暢的情緒，像詩歌或音樂一樣流暢。我那時還不能明了這情緒是什麼，但「原來可以這樣畫」的感受卻是實實在在的刺激。原來可以這樣畫，畫畫不是為了考試、不是為了畫得像；畫畫讓瞬間的光影成為永恆，畫畫留住時間、畫畫觸摸生命；畫畫是某一時刻無法抑制的衝動，畫畫，就是畫畫⋯⋯。

幾年前，我的一本書要出版，要幫文字配圖。買來一堆彩色鉛筆，隨性塗抹，而其中一幅直接用作新書的封面。這幅畫裡，小女孩趴在池塘邊，注視著有睡蓮的一汪池水，眼睛睜得很大，小手伸得很遠。很多人都看出來了，這幅畫是在向莫內致敬。

後來我去看了莫內畫展。雖然透過印刷品已經觀看過太多次，但沒想到原作還是給了我這麼強烈的衝擊，那麼熟悉又那麼陌生。畫很大，整整一面牆，近看那些筆觸，凜冽的、溫柔的、果斷的、快速的，生命的燦爛光華。退遠了看，又是那麼安靜，安靜到蓮花朵朵開。

之後又帶了新書去莫內花園，距離巴黎市區一小時火車，莫內晚年居住於此，並完成睡蓮系列的地方 —— 吉維尼小鎮。

吉維尼小鎮坐落在一座小山的半中央，更像是一個小小的村落，那種小時候夢想的童話般小村落。一路往內，各種花朵開在各種地方：路邊的灌木叢、石頭牆壁的縫隙裡、半開半掩的民居柵欄內。走到盡頭就是莫內花園了，從一處小門進去，偌大的花園像魔法一般出現在眼前，一切如在夢境，每一處景、每一個微小的事物，都在向世人展示生活的美與自然的驚奇。

下雨了，雨點打在莫內花園日本橋下池塘裡的睡蓮上，池水色彩斑斕，映照出岸邊的綠枝、花朵和天空。不遠處，煙霧迷濛中，得見莫內一家生活起居的二層小樓，淡藍色牆壁、木質窗框、白色窗簾，還是像在夢境，就好像走過去就能看到七十多歲的莫內，手執畫筆、斜睇著雙眼，凝視這個時間和情感堆積出的世外桃源。

這一切帶給我的感覺，是莫內對生活、對自然那種濃烈的愛，愛得那麼投入、那麼忘我、那麼幸福。

莫內的一生經歷了多少苦痛哀傷啊！在這樣的底色下，那些花草、綠樹、藍天、池塘裡的小魚和蟲子，他們散發出的華美光彩，反而深深照進了心裡。

嗯！會不重要，愛才重要。我想這是我能做到的，向生活擺出的最喜悅姿態。

做一個被氣氛餵飽的女人

我想我就是那個被氣氛餵飽的女人。

我們的遠家第一次招待客人。一早接到客人的訂位電話，我弟弟小喜站起身，拍拍屁股就去菜市場了；胖子忙著整修洗手間的沖水系統；小小打掃衛生和準備茶點；廚師在廚房裡吹著口哨，弄得叮噹響。而我，在客人到來之前的一整個白天，只買回一幅油畫。

有必要說說這幅畫，是專為樓梯間準備的，我怎麼能夠容忍客人們走過一個沒有掛畫的遠家樓梯間？

在送仙橋逛了大半天，終天找到我想要的畫，畫是這樣的：傍晚有火燒雲的天空下，兩座土坯建造的房子，房子面前是一汪金色的湖水，有溫暖的空氣在流動。這畫讓我想到俄羅斯，想到那股甜蜜的憂傷。

就是這麼一幅美好的畫，我看到它的時候就想，我們的遠家太需要了，那個樓梯間四面是白牆，燈光下有點清冷，這麼一幅熱烈的畫，會打消這種清冷。

事實上，來用餐的客人們，並沒有誰提起我的花草，當然也沒有人注意到那幅畫。他們隨意而歡喜地說笑著，走過樓梯間，直奔二樓餐廳。有一次我看到一個客人在樓梯間打電話，忍不住向她指了指牆上的畫，她瞟了一眼，捂住話筒，對我說：「妳畫的嗎？」我說：「喔！不是的。」她繼續打她的電話，我默默離開了。

送走客人，晚上開總結會的時候，大家發言很積極：冷盤少了、客人反應臘肉太鹹了、上菜有點慢、湯裡肉多了、有點冷了、擺盤不好……我很內疚地聽他們發言，覺得自己什麼也沒做，想說點什麼又無話可說，最終說出的是：「是不是忘記開音響了，怎麼沒聽到音樂呢？」我這個被氣氛餵飽的女人啊！忍不住要鄙視自己了。

聽過一個說法，一百個人裡，有九十個曾經夢想開咖啡館；這九十個人裡，只有五個人會真的去開；而這五個人中，只有一個能賺到錢。聽到這個的時候，我還沒碰到現在這棟房子呢！但我很快就把這句話忘得一乾二淨了。

我看上的這個房子，以前是一個電影主題吧！我一看見就喜歡上它了，幾乎在五分鐘內就決定了。這幢小房子是灰色的，四周都是樹木，安安靜靜地待在角落裡（太不適合做生意了），通往它的路，是用舊舊的木板搭建的棧道（並不算好找）。從樓上走到樓下，再從樓下走回到樓上，我就對自己說，就是它了。

這就開始了。

做一個自己喜歡的自己

身高一百六十五公分，體重維持在五十二公斤左右，這是我給自己定下的任務。身為自己服裝品牌的模特兒，能穿進中號衣服是必須的，無論是試穿樣品，還是拍新品圖片，中號都不胖不瘦，剛剛好。

不是非要做模特兒，只是我自己做的衣服，如果連自己都不穿，連自己的身體都不與它發生關係，那麼這件衣服在我這裡，是不成立的。還有，一件好衣服應該經得起普通人的檢驗，衣服的美，不只屬於伸展臺上那些貌美如花的走秀模特兒們。

如果你看過我爸、我媽，以及我弟，就應該知道，我絕對不是那種吃什麼都不會變胖的幸運兒。我只是始終對「變胖」這件事保持警惕。

不需要很瘦，但需要擁有控制自己身體的能力，在「適當」的原則下管理身體，尋找分寸。分寸的掌握需要慢慢習得，每個人是不一樣的。這一點特別像騎腳踏車，會騎腳踏車的人一定明白我在說什麼：如何保持平衡，如何在一種力量的支撐下往前走，既有順勢而為，又有果斷的堅持。

除了分寸，我特別想強調的是：享受每一個時刻自己的樣子，與身體和解。「我現在這個樣子是好的，我還會變得更好」，而不是「我討厭現在的身體，我要改變」，前者和後者有本質上的差別。

寫到這裡，順便說兩句。滿街關於瘦身、美容的廣告，把女人劃定了一個標準。在這個標準下，講得是一個糟糕的故事：女人要怎麼做才能得到愛情；才能婚姻美滿；才能得到別人羨慕的眼光。這很低級。

在健身房看見太多把身體當仇人一樣的女人，她們身體沉重、面無表情、雙眼漠然，每一個動作都狠狠的，潛臺詞正如很多廣告語那樣：甩掉脂肪，重新做人。這樣的人，沒有把運動的當下視為享受，她不愛她那一刻的自己，她只是帶著任務和目的來到健身房。

我的意思是，即使妳超過標準體重，妳也應該做一個輕盈的胖子，熱愛妳自己，熱愛妳和這個身體相處的每一天。

相比「狠狠地」運動，節制地面對食物可能更重要。不要傻傻地以為社群媒體上那些喜歡晒美食的明星們，都真的喜歡大快朵頤。她們一定吃得很少，才有時間和心情拍照並且修圖。吃貨們只會大快朵頤之後，抬起頭一邊擦嘴一邊感嘆：哎呀，忘記拍照上傳了。

當然，節制地面對食物，首要目的不是為了更瘦、更美，而是為了更好，這個「好」，比美更美。

請記住這句話：我們吃進去的食物，三分之二都供養了醫生。

這是一個物質太飽，精神很瘦的時代，物質的飽足感，帶來的是遲鈍和麻木。吃多了，就會有「腦滿腸肥」的感覺。節制地面對食物，減肥是次要收穫，最重要的是精神狀態，人對周遭的感覺會更敏銳，更清朗。過有節制的生活，能帶來節制的樂趣。食物不再只是為了滿足欲望，而是類似美感的東西。

我曾經試過連續幾天不吃主食，只吃少量水果和喝水，體驗了一回類似輕斷食。幾天之後的一次進食，每樣食物都能呈現它本來的味道，我確定我那個時候是真正地在享受美食，而不是「吃得很飽」。斷食沒有任何壞處，如果有需要，可以每個月愉快地做一次。

其實說到底，要用掌控人生的野心來掌控身體。以前當老師的時候，班上有個同學告訴我：我不想起床上課，但堅持來了，上完課心情就會特別好，覺得沒有辜負這一天。下課後，我就算是去打遊戲，也會很投入、很開心的。假如我待在寢室，睡覺、打遊戲，我一整天都不會快樂的，尤其在夜晚，會空虛、無聊、討厭自己。

是這樣的，投入地工作才能投入地休息和玩耍。

做一個讓自己喜歡的自己，睡覺前可以對自己說：今天，我對自己滿意。

第四部分
生活是我們記住的日子

做一個讓自己喜歡的自己，
睡覺前可以對自己說：今天，我對自己滿意。

這世界總有人做著不需要被人理解的事

在夏天消逝之前，我摘下了院子裡最後的紅番茄。

是紅番茄，紅在地裡的紅番茄。你們大概不知道，那些在市場上買到的絕大部分番茄，你看到它們是紅的，但實際上，在它們還是青綠色的時候，就離開了土地，離開了藤蔓。它們被裝進箱子，運進市場，一個地方到另一個地方，等你們看到它們的時候，它們已經紅了，它們不是紅在枝頭，而是紅在疲憊的運輸過程裡。

如果你看過紅在地裡的番茄，就會相信我說的話，這兩種紅，不一樣的。地裡的紅番茄，摘下來放進嘴裡，味道和市場上買的也是不一樣的，它們更甜，或者更酸。

我想，白露過後，中秋之前，對番茄從青綠色變成紅色的過程很重要。

我家的花園早變成菜園了，這自然發生的由白到紅；這春天到夏天，再到初秋的盼望；這豐收的喜悅，比種花或者別的什麼事情，帶給我的快樂要多得多。

除了番茄，還有南瓜、生薑、辣椒、小蔥和玉米，這不到七十平方公尺的一樓小院，擠滿了各種蔬菜。我是實用主義者。

不僅如此，兩週前買來的番薯，有一顆放在廚房角落忘記吃，發現的時候長出了嫩芽，乾脆把它放在盤子裡，每天澆水。兩週過去，這就長成了我心裡想要的樣子：水培盆景。把它放在落地窗前，枝葉就倚靠在玻璃上，它們總是朝著屋外光的方向伸展，過兩天，讓它們轉身，背陰的一面對著光，再過兩天，這背陰的一面又伸展開來……。

所有的植物，不管它們怎麼長，總能長成我想要的樣子。

白露過後，中秋之前，「且讓我們再次照顧園圃，為花木澆水，它們皆已疲憊，即將凋謝，也許就在明天。而於世界再度瘋狂，被槍炮聲淹沒之前，且讓我們為一些美好的事物高興，為之欣然歌唱。」這是赫塞的詩。

昨天在收穫番茄的這小塊土地上，種下了芹菜和豌豆，在做這件事的時候，隱約傳來漫天的呼號，這忽明忽暗的口號聲，是從大馬路上傳來的。這聲音在這小方土地上沒有產生任何影響，芹菜還是芹菜的樣子，豌豆也還是圓的，一顆顆鑽進細密的泥土裡，而那些大自然裡負責鬆土的蚯蚓，也只會被我的鋤頭打擾。

越是這個時候，越能感覺到生命的渺小和卑微，也就安然地過這卑微而又自尊的生活。

可是，「生命是一種博大的東西」。

《海上鋼琴師》（*The Legend of 1900*）裡，那個世人無法理解的鋼琴師 1900，從出生那天起，一直待在海上，從沒離開過大船。有一天，1900 終於鼓起勇氣，準備下船了，他走到第三臺階的時候，回望了大海，又轉身回到了船上。人們問他：「你在海上待了三十二年，從出生到現在，從不離開，為什麼？現在又為什麼想離開？為什麼又要回來？」

「我只是想從陸地上看看大海。」他最終和輪船一起消失在海裡。也許海洋上的八十八個琴鍵，在他的世界裡，比任何事情都更重要；也可能在沒有學會與這個世界和平相處之前，這是最好的選擇。他的一生就是這樣，他憑藉鋼琴注視世界，並獲取了它的靈魂。

這世界總有人在做著不需要被人理解的事。

這是我的選擇。

一粒米從稻穗長出的時間

一

這麼多年，每隔一段時間就會翻出來聽的專輯，是一部電影的原聲音樂，電影名叫《冷山》（*Cold Mountain*）。影片講的是美國南北內戰時期，一位南部士兵逃離部隊，歷盡千辛萬苦返回故鄉冷山，只為見戀人一面。而他的戀人，則在山影交錯的鄉間，度過了獨立的蛻變期，學會如何與粗糲尖銳的生活對抗、掙扎。

電影快結束時，士兵終於走到戀人的面前，但他的身體殘破不堪，快支撐不住了，眼睛也看不太清，只看見戀人模糊的身影。戀人呢？備受生活摧殘的戀人，看著乜乜斜斜走向她的士兵，也看不太清，她以為那些壞人又來了，她舉起獵槍對準了士兵，差點一槍打死他。

除了這一幕，電影具體的情節，記不太清楚了，但音樂卻有把人從黑暗孤寂中慢慢打撈起來的魔力，讓你看見前方，哪怕是一點點光。

二

金士傑的話劇《演員實驗教室》到中國成都演出。兩個月前就在網路上買好第一排中間位置的票，演出當晚提前一小時到劇場門口換紙本票。

演出大概進行到十五分鐘的樣子，有個年輕男子在工作人員的引領下，蹲著移動到我面前，說：「妳這個位置是我的。」

怎麼可能？我雖然粗心，但我身邊的燕姐不可能也坐錯位置吧！我們的票是一起買的。我很鎮定地拿出票給他看（帶著看劇被打擾的不耐煩）。

他看了說：「怎麼跟我的座位一樣？」工作人員接過兩張票，仔細辨認了下對我說：「妳這是明天的票啊！」

糟糕，白天我還確認過日期。拿回票看，場次確實是第二天。燕姐也慌了，趕緊拿出她的票看，日期又是對的。那麼是網站發錯紙本票了？又或者是哪裡出了問題？

這時年輕男子把他的票給我，又拿走我的票，說：「妳繼續，我明天再來吧！」說完就蹲著移動走了。

這一切大概在兩分鐘之內發生，想不清楚這票到底是怎麼回事，但有一點很明確：雖然錯不在我，但也絕不在離開的年輕男子上。如果他堅持不走，要坐我已經坐下的位置，我是沒有任何辦法的，畢竟正確的票在他的手上。

話劇比想像的還好，結束的時候演員們在臺上唱：

一粒米從稻穗長出的時間
一個人做豆腐、做泡菜的時間
做醬油、做醋需要的時間
還有煮一頓飯所花的時間
那吃一頓飯只需要多少時間

觀眾捨不得離去，演員返場四次謝幕。我站起來含著熱淚鼓掌，這掌聲有一部分是給那位我連他長相都沒記住的年輕男子。

三

星期六下午三點多，客廳裡。披薩遞過來一個麵包，木頭做的，要我吃。我正靠在沙發上看書，嘴巴微微張開，「吧唧」了一下。他不滿意，還是繼續舉著麵包，嘴裡發出不高興的嘟嚕聲。我放下書，鄭重張開大嘴，朝麵包方向的空氣裡咬了一下，有點誇張，一邊咀嚼一邊說：「啊！真好吃！好香啊！」他這才滿意地走了。

他轉身走到大姐那裡，舉起麵包。大姐在畫畫，頭也不抬，他舉了一會兒，不哭不鬧就走了。他往二姐那邊看一眼，二姐正在擺弄她的恐龍，他應該知道二姐只要和恐龍在一起，就不會理他，所以，又往我這邊走過來，麵包舉得更高了，還帶著諂媚的笑容。

走著走著，他被腳下的墊子絆一跤，整個身體摔倒在地上，哇哇大哭起來。我走過去抱起他，他手裡的麵包還捏得緊緊的，我趕緊咬一口，他的哭聲就止住了。

四

社區兒童活動室，我和披薩還有姐姐坐在圍欄裡。不一會兒，衝進來一個三歲左右的小女孩，直奔牆角尋找她喜歡的玩具。這時候她媽媽從後面跟了上來，嘴裡大吼，「妹妹哎！脫鞋才能進去！」一邊吼，一邊也衝進圍欄，但她自己也沒有脫鞋。

她把小女孩一把抓起來，抱在手上，退回到門口，把鞋脫了。小女孩這時卻哭了起來，不願意回到需要脫鞋的圍欄裡。

媽媽把孩子丟在原地，去辦手續登記，這裡是會員制。

辦完手續回來後，孩子的哭聲沒止住，還是不願意進去，她又一把抓起孩子，放進圍欄，一邊放一邊說：「妳自己要來的嘛！快進去。」

小女孩哭哭啼啼進來了，但是玩了兩分鐘，止住哭聲後又跑出去了。門口有個拖把，小女孩抓起拖把玩。

「媽呀！這很髒！」她又把小女孩抓回圍欄。小女孩這次徹底發作了，一下子躺平在地上大哭，聲嘶力竭的那種。

哭聲中，小女孩的外婆（抑或奶奶）衝進來了：「怎麼了？怎麼了？」

「自己說要來，又不好好玩，太不聽話了，都開始計費了，沒玩到半小時不准走！」（從開始玩耍到半小時費用是一樣的，會員價六十五元）。

外婆（抑或奶奶）一聽，也是同樣的態度：「對喔！半個小時要玩滿喔！」

五

遠家九歲生日時，我們邀請十幾位顧客來工作室，參觀工房、庫房和工廠，體驗草木染布，了解一件衣服的「前世今生」，結束後大家圍坐在一起喝茶聊天。

有人穿來六年前我們做的衣服，講述她怎麼與遠家相遇，有人說起她在開店之初買的一個電腦包（我縫的），現在還在用……這當中，有位女孩說起一件事情，溼了眼眶。

這位女孩說，她電腦裡有個文件夾，專門存穿遠家衣服的照片，有幾百張。有一次看到我們在徵集買家照片，就把照片存成檔案寄給我們，前前後後寄了四份。

寄出檔案兩年後，不知怎麼的，她電腦裡的照片全丟失了，那個「遠家」檔案也不見了。那裡面的照片，除了穿著遠家衣服，也有和家人，特別是自己和孩子的合影。

她就抱著試一試的心態，聯絡了我們的客服，問寄來的那四份檔案，能不能寄還給她。

沒多久，她就收到了這四份檔案，照片失而復得。她說：「你們這件事，都可以當作案例，出現在企業管理或別的什麼課上了。」

我聽完，側身問同事涼笑：「是你寄的吧？」涼笑說不記得了。聚會結束後，又問同事小喜：「那是你寄的吧？」小喜說：「應該是涼笑寄的，不過是我在電腦裡找出所有照片再重新存檔的，原檔案找不到了。」

真為他們驕傲。

六

如果評選有生以來做過最驕傲的事，那這件一定會進前五：大學快畢業的時候，用不到兩個月的時間，從 ABC 開始學起，最終通過了英語測驗，拿到學士學位。

國中英語很差，升學考試只考三十八分，畢業後沒讀高中，讀一所學校的美術科，沒英語課。畢業後考大學，英語只有二十八分（全靠運氣猜對幾道選擇題）。也就是說，國中畢業不合格的水準，直接上大學英語，跟看天書差不多，完全放棄。

直到快畢業的時候，才報了補習班。補習班的女老師是英語系在讀研究生，短頭髮，瘦小精幹，眼睛很亮。她在課堂上像個永動機，跑來跑去調動大家情緒。有一次上課，手舞足蹈教我們一首歌，那首歌她清唱出來太好聽了，我學得很認真。教幾遍後，她對坐第一排的我說：「下次上課，妳帶大家一起唱。」

為了下次上課不丟臉，我白天黑夜背歌詞、記旋律，走路、吃飯、睡覺都在練習，硬是把那首歌吃進身體裡。然後我就發現，用這個辦法學英語還真管用，背歌詞，背文章，沒日沒夜地先把每句話吃下去。

一個多月後的英語測驗，七十五分。得知這個消息的時候，我在走路，同學打電話過來，我聽她說著，繼續往前走，越走越快，就這樣在馬路上飛奔起來，眼淚嘩嘩地流。

這首歌叫 *Home On The Range*，很多年來，它是我在一些不得已唱歌的場合中，唯一拿得出手的，又因為聽過這首歌的人少，所以就算唱錯也沒關係。

後來在網路上，搜到藤田惠美版本，日式口音唱出來有特別的味道。想起來，我剛學會的時候，那位老師也一定覺得發音太糟糕了吧！但是第二次上課，我站起來獨唱之後，她在講臺上，一邊用力拍手，一邊大聲的說:「Good job ！」

孫敏拍我

攝影師朋友裡，菲朵、丸子和弟弟小喜拍我最多。

菲朵拍攝的時候，都不覺得她在工作。我們一起行走、坐臥，聊天、吃飯，她一直帶著相機，那是她身體的一部分，當她要拍照的時候，就像伸手拿起一杯咖啡一樣自然隨意。她是一個溫柔的觀察者，她不參與、不干涉，只拍她看見的。

丸子是親切好玩的，我想到什麼，給她一個眼神，她馬上就懂了；她要什麼，給我一個手勢，我也馬上就懂了。丸子近於「無我」，她拍的是我自己想要的自己。

小喜呢！一般都是拍產品照，他看不見我，他的眼裡只有我身上穿的衣服。

孫敏和以上三位都不一樣，拍照對她來講，是一個從生活裡抽離出的鄭重事件，她總希望身為模特兒的我，能和她一起到達某個地方。

孫敏比我小兩歲，油畫系畢業的攝影師，認識好幾年了，和她見面的場合都很正式，頒獎典禮啊、演講啊什麼的，印象中她很會穿衣服，又得體、又時髦。

前年才和孫敏第一次合作，是一個展覽項目，人物肖像主題。拍攝前幾天，她私訊給我：「我想在竹林裡拍妳。」那時是冬天，攝製組幫我準備的衣服，是一條白色絲質露背晚禮服，我當時懷孕五個月，所以拒絕了。孫敏說，那就在攝影棚吧！

拍攝那天去攝影棚，意外的是，孫敏把攝影棚布置成一片竹林，是真的竹子，她一根一根挑選好，砍下來，運到攝影棚的。

穿好衣服、做好妝髮，我就站在這片分別由幾位蹲著的助理、幾個水桶、一堆板凳支撐起竹子的竹林裡。對面的孫敏沒化妝，穿一件好像是從男朋友身上扒下來的白襯衫，襯衫下面隨意打了個結，頭髮凌亂，大冬天的，額頭上溢滿汗珠。

她一邊舉起鏡頭，一邊說：「親愛的，想像一下寶寶在妳肚子裡的樣子，我要看到妳身為母親的安寧。」

我認真想了一下，咧嘴一笑。她又說了：「妳不要臉上笑，要在心裡笑。」

「親愛的，竹林裡有鳥叫，妳聽。」

「現在是早上，陽光透過竹林照在妳的臉上，心裡是不是升起無限溫柔？」

「親愛的，不要陶醉到用下巴去找天空，要用頭頂去找。」

她在說這一切的時候，彷彿是調動了她的整個身體，每一句話都讓妳無法辯駁。我感覺不是在拍照，是在拍一部意識流電影。當做到了她需要的狀態時，她馬上會用「美，美美美，太美了啊！」這樣的語言來回應。

仔細回想，她說的每一次「美」都不一樣。當說一個字「美」的時候，聲母、韻母和聲調都拖得長長的，每個細節發音完整到位，那是由衷的滿足。「美美美」則是急切而乾脆的，這意味著「我們不要停下來，繼續保持」。而「太美了」則表示「我們換個角度和表情吧！這一 part 可以了」。

最近一次拍攝在海南，她提前三天就去勘景，我呢？在家帶孩子累了，想把出差當休息呢！哪知道被她一把拽入水深火熱之中。

第一個場景在一片長滿布袋蓮的沼澤地，有大群的鵝。我就在氣溫三十度、陽光直射的沼澤地裡，在孫敏對美的讚嘆中，趕了一上午的鵝。

第二個場景在農場，空地上有一個兩公尺左右高度的水泥墩，孫敏要我爬上去，我哪裡爬得上去，只能把車開到水泥墩旁邊，先用力爬上車頂，再往水泥墩上跳。那麼高的地方，又窄，我心裡害怕，還要配合她的要求，做出

「天地有大美而不言，你在其中陶醉，風吹過來，吹走一切煩惱」的感覺。

拍完第二個場景，已經一點了，我說我們回酒店吃個午餐休息一會兒吧！孫敏說不，她拿出一塊布、幾個好看的水果，和兩個蛋黃酥，鋪好布、擺好水果後說，「妳吃妳的，我拍。」所以，第三個場景，拍樹林野餐。

吃完那點水果、點心，我實在太睏，倒在車上就睡了。醒來，看見她在不遠處放了一個箱子，箱子上搭了一張白布，助理在旁邊舉好了反光板。孫敏說：「遠遠，來，中午的光線可以拍臉部特寫。」第四場拍攝就這麼開始了。

第五場是在海邊的沙灘上，孫敏指揮助理在她按快門的時候，捧一堆沙子往我身上灑。第六場我爬上巨大的礁石。第七場在夕陽裡，我半躺在一片草叢中，面對遠處的大海，孫敏說：「克里斯蒂娜的世界，親愛的。」（〈克里斯蒂娜的世界〉（*Christina's World*）是畫家安德魯·魏斯（Andrew Nowell Wyeth）一幅油畫的名字）

在每一場拍攝裡，她那種忘我和激情，總會把我拉進她編織的情緒裡，每當一段拍攝結束，我就累得癱倒在地。而在一場和另一場的轉換中，她總是一路小跑，一路回頭對我喊：「快來快來啊！好光線快沒啦！」像個不用上發條的永動機。

太陽終於下山了，光線真的快沒了，工作應該結束了吧！誰知一抬頭，看到一輪明月掛在黃昏的天空裡，她又哇的一聲，原地坐下，拍了起來。

我的力氣用完了，整個人鬆懈下來，趴在地上看著她，她就拍下月光下看著她的我。

這真的是最後一場了，晚風清涼，月色如海。

愛笑的女孩總不會太難看

一

2018 年的最後一天，買了早上十點三十分的電影票，一個人。

十點，房間裡傳來姐姐妹妹的讀書聲，將懷裡的披薩交給阿姨，一個人走出家門，像去完成一場儀式。寒風凜冽，嘴巴吐出看得見的熱氣，腳步卻輕快，每一步都踏在內心湧動的音符裡。

這是我很多年來第一次一個人看電影，是送給自己的禮物。看什麼電影不重要，重要的是，一個人。將身體攤在沙發裡，左邊一桶爆米花，右邊一杯奶茶，手裡還拿著冰淇淋。

這一年不容易，辛苦了，親愛的女孩。

二

生養第三個孩子、裝潢房子搬家、明月村工房空間重新設計布置、工作室管理上的升級大調整、每一次新品上架、產後身體恢復和控制，還有數不清的七零八碎，每一天都在發現問題，並解決問題。

還好，還好。身體還好，睡眠也不錯，書讀得沒有去年多，但收穫不少，文章寫得也少，但想寫的時候，總還是寫出來了。

總體上，雖然忙碌，但最大的收穫卻是放鬆。以前，對同事和家人，我或多或少會有改變他們的企圖心。過去這一年，當我放下控制的野心，不可思議的改變卻真實地發生了。跟團隊夥伴之間的互動尤其明顯，這一年他們都成長得好棒，而我僅僅是做到放鬆下來，交付信任。

有一天貝殼跟我說：「姐，我覺得妳說得對，重要的不是我們做成了什麼事，而是透過做這些事，我們成為什麼樣的人。」那一瞬間有想擁抱她的衝動，那是五年前嘮叨過的話呢！

這麼說來，即使是為了改變世界，你能做的也僅僅是做好自己啊！

三

一個人看的這部電影——《地球最後的夜晚》，關於成長和原諒，像一首詩，而不是一個故事。最後張艾嘉說「我牽掛的人還小，很快他就把我忘了」的時候，我和黃覺一起哭。過去一年，就是這樣啊！有些人和事，在你還不想原諒的時候，就已經原諒了。

黃覺讓我想起小說《英倫情人》（*The English Patient*）裡漢娜的父親，「他有種模棱兩可的氣質，這種不確定性讓他有一層若隱若現的魅力。他一輩子從來沒有試著要說服什麼人，他所做的只是對身邊發生的事，要麼修補挽救，要麼舉杯慶賀。」

一個看起來沒有自我的人，自我就隱藏在他的尋找和發現中。不羞愧地說，我覺得我也是那樣的人。

吳爾芙 (Virginia Woolf) 在她的房間裡寫下：「夕陽西下，清晰的輪廓消失了，寂靜像霧靄一般裊裊上升、瀰漫擴散，風停樹靜，整個世界鬆弛地搖晃著躺下來安睡了……。」

四

過去這一年，手機裡保存下來的照片，基本上是微笑的樣子。小時候我就記住了一句話：愛笑的女孩總不會太難看。

新的一年，要繼續放鬆，並快樂。

閱讀就像隨身攜帶的小型避難所

新聞上說李敖去世了，這次是真的。

有些人，是在我們成長的過程裡，產生過影響的，儘管後來可能越來越遠離，但必須承認，在某一段時間，他確實那麼真實地存在過。

小學時期讀金庸，國中時讀路遙，高中讀余秋雨，大學時期讀李敖。嗯，我的個人閱讀史裡沒有瓊瑤，三毛占去的時間也不多。

金庸自不必說，路遙的那句「苦難難道是白忍受的嗎？它應該使我們偉大」，安慰了不斷轉學、插班、融入新團體，在心理上受盡磨難和委屈的我。

以及「孫少平永遠是這樣一種人：既不懈地追求生活，又從不奢望生活給他太多的回報」。對當時我這種感覺「命運從沒有掌握在自己手裡」的人，又是多大的鼓勵。

而余秋雨，則是把我從對語文學習產生厭惡情緒的漩渦裡，拉出來的那個人。

想到這些，有點惶恐。在公眾面前暴露閱讀隱私，是一種冒險，等於把自己的過去全交代了。有些，在有鄙視鏈習慣的人看來，還有點不光彩吧！

還有啊！余秋雨的《文化苦旅》，我至今也還覺得好。說出來會惹來某些人的白眼呢！

當然也有那種一直陪伴自己成長的作家，比如村上春樹，從《挪威的森林》開始，從來沒有互相拋棄。

大學畢業讀張愛玲，後來因為張愛玲讀毛姆（William Somerset Maugham），讀到毛姆說：「你以為你品德高尚，就不尋歡作樂嗎？」莫名被鼓勵，從一個乖乖牌，變得想要「追求自我」。

毛姆還說：「閱讀就像隨身攜帶的小型避難所。」不管現世如何混亂，翻開書的時候，人總是覺得自己和世界都乾乾淨淨的。

最近床頭放著四本書，《死水微瀾》、《刺殺騎士團長》、《貢米巷二十七號的回憶》、《巴黎評論·作家訪談》（*Paris Review*），每本讀了五分之一到二分之一不等。也不知什麼時候養成的壞毛病，竟然還有種地主家餘糧多的富足感。

從李敖開始，寫到個人閱讀，那就順便推薦幾本我最近讀過的好書：

是枝裕和的《奇蹟》、林雪濤的《平原上的摩西》、汪曾祺的《人間草木》、林奕含的《房思琪的初戀樂園》、赤木明登的《造物有靈且美》和《無名的道路》。

生活的美好，就是和喜歡的一切在一起。

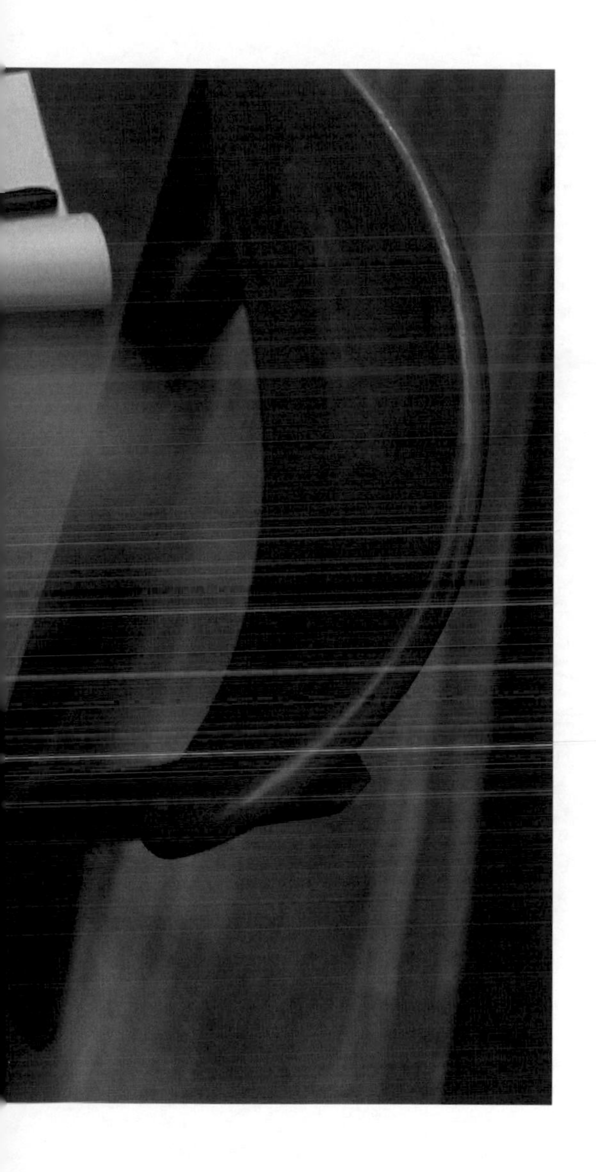

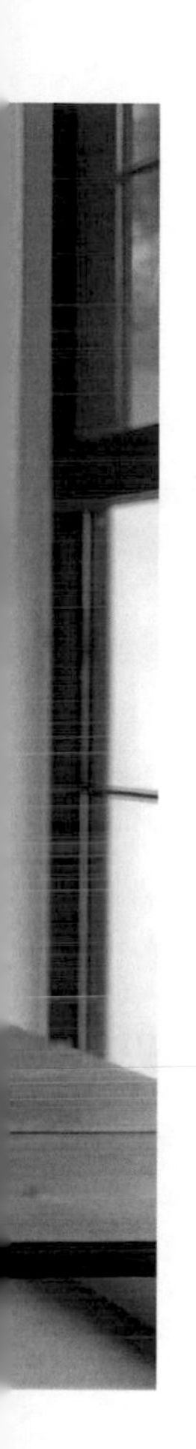

追求有美感的人生，懂得節制和分寸，
在各種事物之間找尋平衡點。

總有一類人，用他們的整個人生，作為材料和工具，
不斷呈現一件流動中的好作品。

自由不是你想成為什麼，就能成為什麼；
而是你不想成為什麼的時候，你就可以不成為什麼。

Yuan.2018

找到自己努力的方向、認識自己，才是最重要的，
我想這就是時間給我的禮物。
這個世界上，
總有一些可愛的人，
能把慣性中的生活，活出想要的滋味。

生活就是要貼著自己的性情走，
你是什麼人，就用什麼腔調，別跟別人湊熱鬧。

做衣服的這幾年，最大的收穫是：
只要付出努力，就一定有所回報。

無論世界如何變，認真做事的人總會有回報，
只要你不奢望太多。

人活在大的時代命運裡，能掌握的不多，
唯有面前這道菜，這一方廚房天地，
踏踏實實的，觸手可及。

知道自己要去哪裡，全世界都會為你讓路。

每個人都是一座孤島，
你必須學會融入，才不至於看起來那麼寂寞。
你必須學會這個世界上，那些看得見、看不見的規則，
在「做自己」和「取悅他人」之間，找到平衡。

男女之事，古往今來都一樣，飲食卻不同

一

家裡有本張愛玲 1952 年以後的作品集，其中一篇講食物的，題目叫〈談吃與畫餅充飢〉。寫這篇的時候是 1991 年，張愛玲在美國，說起小時候吃過的食物。儘管與她其他文字一樣冷靜克制，但食物這東西，熱愛它的人，感情是藏不住的。

其中一段張愛玲提到，小時候家裡在鄉下有田地，她印象深刻的鄉下食物是「大麥粉」，一種「自田上帶來的」暗黃色麵粉，乾焙過的，用滾水加糖，調成稠糊，有一種焦香。我立刻想到，這不是我小時候最愛的炒粉嘛！果然張後面又寫：有宣傳報導說，戰時士兵空著肚子去打仗，餓了就在口袋裡撈一把「炒粉」往嘴裡送。

張不確定士兵吃的炒粉是不是她吃過的大麥粉，我也不確定她文字裡這兩種食物是不是我小時候吃過的炒粉，但味覺記憶就這麼被喚醒了。

二

那時候外婆偏襟衣服，外罩一條繡花圍裙，看到我，撩開圍裙，掏出　個塑膠袋，打開是一包摻過水的炒粉，用手抓一把，握捏幾下，一個半乾不乾的麵疙瘩遞過來，咬一口，甘香，還帶著外婆的體溫。

家裡阿姨從外地來，問她吃過炒粉嗎？她說吃過啊！還記得小時候偷吃，抓一把乾粉塞進嘴裡往門外跑，大人看見大吼一聲，嚇得一聲叫喚，乾麵粉成煙霧狀，噴灑出來。

我弟小喜小我八歲，問他還記得吃過炒粉嗎？他說那是給狗吃的吧？但他是吃過的，說十多年前跟親戚去森林裡打獵，出發時帶了炒粉要給獵狗吃，跟著一隻麂子跑了大半天，沒打到。返程路上，人和狗又累又餓，就把狗的炒粉吃了，扛著狗回家。

我還是想吃，在網路上搜尋，還真有賣，名字叫「燕麥炒粉」。馬上下單，三天後收到一大包，沒有品牌，用一個玫瑰色密封袋裝著，寫著「小作坊自製」。加熱水和白糖攪勻，竟然還是小時候的味道。幾乎不抱希望地，弄了兩碗給孩子們嘗，沒想到幾下就吃光了，姐姐還伸出舌頭把碗舔乾淨（多半是為了讓我開心）。

三

又說回這篇〈談吃與畫餅充飢〉，1990 年代的張愛玲，在美國舊金山想起了上海的莧菜，想起那時候她跟母親住在一起，每天帶一碗菜到街對面舅舅家搭夥吃飯。莧菜上市的季節，「我總捧著一碗烏油油，紫紅夾墨綠色的莧菜，裡面一顆肥白的蒜瓣染成淺粉紅，在天光下過街。」

有一天，張愛玲在唐人街看到店鋪外有大把的莧菜在賣，禁不住怦然心動，但是又想：「炒莧菜沒蒜啊！不值得一炒。」

又有一天，她看見一塊豆腐，「可惜沒有火鍋可投入」。

記得以前看過一篇報導，找來重讀 —— 「撿垃圾」的女記者：「從張愛玲美國家門口的垃圾箱裡，翻到幾個印有店招牌的紙袋子。有一個劉記蔥油餅，標明了使用蔬菜油（素油）加蔥花，橙色油漬透的紙片，用黑鋼筆寫了蔥油餅，一塊九毛五。」

〈談吃與畫餅充飢〉大約有兩萬多字，張愛玲不僅透過美食表達鄉愁，也寫了很多在美國當下的飲食、西方的飲食文化，都是她自己的切身體會。讀的時候有寬慰，這寬慰，我想是來自一個熱愛美食的人，對一位喜歡的作家，境遇的關懷吧！想到張愛玲的後半生，在異國他鄉的平淡生活裡，總有美食帶來微光。

從文章看來，張愛玲會做菜，但不愛洗碗，尤其不愛洗鍋，也不知道那時的美國有沒有普及洗碗機。

四

閉門在家這一個多月，情緒隨疫情起伏，除了閱讀，做菜最能平復焦慮。也因為自己做吃的，在吃別人做的飯菜時，對食物本身和做菜的人，都充滿感激。人活在大的時代命運裡，能掌握的不多，唯有面前這道菜，這一方廚房天地，踏踏實實的，觸手可及。

也是張愛玲說：「飲食男女」，古往今來男女之事到處都一樣，沒什麼可講，而吃食卻不同。

我喜歡待在廚房，先給自己倒杯可樂（唯一且不打算改正的壞習慣），再看看冰箱裡有什麼食材，能做什麼，先做什麼，後做什麼，想好後，一步步來。最好過程中，放著喜歡的音樂，邊聽邊做、邊喝可樂。因為寫東西的時候，不能聽任何音樂，所以轉開音響時，內心竟然有些雀躍。

什麼音樂適合在做菜時聽呢？紅燒肉應該聽交響樂；煲湯就聽小提琴獨奏吧；炒菜最好聽搖滾；川菜得熱鬧一點的；做甜品嘛，聽聽山形瑞秋……想太美了，廚房的事大大小小、雜七雜八，哪還有時間跟音樂配合得這麼細緻，隨便選一張喜歡的爵士樂好啦！

菜市場，永遠能燃起你心中熱愛生活的願望

當初買下這處房子，是因為五分鐘步行，就可到達菜市場。

「家門口有菜市場可逛」是我選房的第一標準，不是超市，是菜市場，那種露天的菜市場。

從社區大門往外走，穿過小廣場，轉個彎，兩旁一片低矮的平房，賣水果的、織毛衣的、做十字繡的、賣手機的……就在這些商店的中間一直走，耳朵漸漸傳來人潮聲，這聲音就像隔著一片樹林聽見瀑布，但又明明白白是近在眼前的市井，順著這聲音的方向再向前，菜市場就出現在頭頂上了。

這是我見過最大的菜市場，足球場那麼大的一片平地，平日供應附近居民的日常生活，每週有三天凌晨兩三

點就開市了，水產、肉類、蔬菜都運到市場裡來，一天的營業就在昏黃的燈光裡開始，小商小販們從這裡批發了農產品，再拿到其他地方售賣，早上八點，新鮮的食材就擺上了各家餐桌。

菜市場永遠能燃起你心中熱愛生活的願望。菜攤上各種顏色的蔬菜瓜果；水產區溼漉漉的地面，偶爾蹦躂著的一條小鯽魚；賣豬肉的大姐氣沉丹田對身旁小孩一聲喝斥；以及漫天的討價還價聲，即使不買什麼，逛一逛也神清氣爽。

穿梭在各種顏色交織的菜攤間，眼前就會出現遙遠親切的畫面。鮮嫩油綠的香椿一把一把放好，這說明不遠的鄉下剛剛下過一場雨；黃豆連著植株賣，這表示田間勞動的農民又要開始新一輪播種了。春種，夏長，秋收，冬藏，四時更替，在這一方菜市場得見。你放心，這個菜市場賣的都是當季農作物，逛這裡的人都會過日子，精打細算，那些違反季節規律的東西，成本太高，無法立足。

市場裡有不少附近的農民，背著自家種的小菜，隨便找個位置，放下背簍，人就蹲在一旁。喜歡從他們手裡買有蟲眼的青菜，除了菜，我還從一位大哥手裡買回一株梔子，它長得一點也不討人喜歡，枝葉零亂，四仰八叉，拿回來種在院子裡，不久就開出小、但是香的白花。

最早聽說這個地方，是第一次去先生家，聽公公講的。老人家年事已高，很多事不記得了，一個人逛街還走丟過，但他見家裡來了客人，飯桌上高興，當場許諾：「妳下次來之前先打個電話，我趕車去買新鮮的鴿子蛋。」先生事後解釋，這對住在這裡上了年紀的人們來說，是一件隆重的事情。

如今市場依舊在，經年累月形成的菜市場生態，仍然頑固地保留當初的景象。圍繞菜市場的幾個社區已經很破敗，一位朋友八年前就買下了菜市場旁邊的一間房子，全家搬過來住，簡單裝修，等著某天拆遷，以此拿到一筆安置費。在他們一家的等待中，八年過去了，每一年都在想，快了，快了。

可能真的快了。

第五部分
人生最溫柔的部分，一直住在鄉村裡

在大城市，我們活在自己的小團體裡，
對世界的了解少之又少。
小鎮或是村莊人口稀少，沒有這些小團體。
因此，你必然可以看到整個世界。

人生最溫柔的部分，一直住在鄉村裡

我是個鄉下孩子，如今生活在城市。

對這一點，我深信不疑：鄉野生活是孩子最好的成長環境，最好的自然學校。一個完整的人生，首先要學會的是和自然相處，「鄉村」這所學校，在我身體裡注入的基因，足夠我受用一生。

葉慈（William Butler Yeats）在《鄉村鬼魂》裡寫：「在大城市，我們活在自己的小團體裡，對世界的了解少之又少。小鎮或是村莊人口稀少，沒有這些小團體。因此，你必然可以看到整個世界。」

我的家在半山腰的一個小村莊裡。村頭和村尾各有一棵大榕樹，大到樹中間空了，小孩子可以鑽進去躲貓貓。村中間還有一棵更大的榕樹，需要十幾個人合抱。傍晚的時候，土地還散發著太陽照射過的餘溫，羊群歸圈，鴨子在水池邊撲騰，水牛的尾巴有一搭沒一搭地驅趕小蟲子，村子裡的人們就都聚到那棵最大的榕樹下聊天，貓啊、狗啊、小孩子啊！就在大人中間穿去穿來。

村莊背後的山就叫「背後山」，山上長滿馬尾松，風吹過來的聲音太好聽了，像長大了聽到的某種詠嘆調。大人們在地裡工作的時候，我就和表妹往山上爬，邊爬邊採野花，爬到一處厚厚松針覆蓋的山脊，累了倒在松針上睡覺，直到大人們從遠處吼：「收工嘍！」我們才從地上爬起來，拍拍黏滿衣褲的松針，一陣風似的往山下跑去。

從我家大門出來往右一百公尺是一條河，河水從山上流淌下來，流到我們村子，形成一個不大不小的河灘。夏天的時候，我們小孩子就三五個邀約著去河裡游泳。河裡還有小魚和小蝦，用簸箕撮起來，路上撿來的瓦片當鍋，生起火就可以煎小魚小蝦，沒有油，撒點鹽就是人間美味。就這樣玩著玩著，天就黑了，有家長拿著「條子」（打人嚇唬人的枝條）在岸上大吼：「小朋友們還不回家，找死啊！」

鄉村生活，要說印象最深刻的，是漫長的時間。記得中午在陽光下打瞌睡、記得大人們出工後，鄉野裡安靜得讓人能聽到自己平靜呼吸的時刻、記得很多時候的無所事事，那時候的我當然還不理解「無聊」這個詞的含義，不知道都市裡像我一樣大的孩子們都在做什麼，他們正被玩具、培訓、圖書和五花八門的遊戲填滿。他們生活在一個「有聊」的世界。

而我，正在學習如何面對無聊。為了「混時間」，我學會了爬樹，學會了織襪子，學會了父母不在家的時候幫自己煮飯，學會了把山裡野生的蘭草挖回家種在院子裡，學會了採摘桑葉養蠶寶寶……。

當然，也學會了安靜地坐在院子裡看陽光爬過窗臺，讓大腦處於放空的狀態。

朋友有篇文章說：「空白是絕對必要的。每個人面對空白時間的態度、每個人在打破空白時間所做的事，決定了這個人和其他人的不同。個人的成長正是從面對無所事事、打破無所事事開始的。」

說回到我家的鄉村院子吧！ 1984 年，我四歲，全家搬進了這座院子，院子是爸爸媽媽從結婚那天起就立志要存錢修的，五年時間，夢想成真了。院子裡有三棵松柏樹，一棵李子樹，院門上方爬滿了羅漢果藤蔓。正房三間，廂房兩間，東廂房我奶奶偶爾會來住，西廂房呢？我媽把它改造成村裡第一家，在很多年內也是唯一的一家小賣部。

除了上面說的，還有豬圈和巨大的廚房。廚房大到什麼程度呢？反正我此生還沒見過比這更大的家用廚房。除了巨大的操作臺，還有巨大的煮飯灶臺和更巨大的煮豬食灶臺，以及更更巨大的大水缸，說是水缸，其實說水池更準確，跳進去都可以游泳的。最關鍵的是，除了與巨大灶臺相匹配的大碗櫃、大餐桌，竟然還有一大塊空地，可以再擺下兩張大圓桌！

至於豬圈，和廚房的大小是一樣的，它們很對稱，分別位於三間正房的左右兩側。就在這兩個豬圈裡，最多的時候養過五十頭大肥豬，我媽為此還以養豬專業戶的代表參加過縣裡的表彰大會，我人生的第一次自助餐就是沾我媽的光，在大會後吃到的。

我爸我媽就是這麼能幹，勤勞致富說的就是他們。

一個恆定的印象是：清晨我被爸爸的歌聲喚醒，他正拿著大掃把清掃院子，早晨的爸爸總是那麼快活，他一邊唱歌、一邊有力地揮動掃把的樣子，渾身充滿了幹勁。不管他唱的是什麼歌曲，他都是在大聲宣布：美好的一天開始啦！他掃完地之後，還會端來一大盆水，均勻灑在地面上，被鞏固過但仍然是泥土的地面，因為一層水，就會升起一股好聞的味道，直到現在，那味道都是我心中「早晨的味道」。每當想起這味道，就能看見我家一塵不染的院子。

爸爸在村裡有威望，村子裡誰跟誰有糾紛，誰家男人打老婆，誰家不贍養老人……諸如此類的問題，最後都會找我爸去調解，而我爸也總能把事情處理得好好的。

我媽愛乾淨，她喜歡穿白襯衫，做事手腳俐落，說話聲氣好，頭髮黑又亮，年輕的時候綁兩條辮子，是那種清簡、樸素的美。

每年在秋收前都會發生一個場景：村子裡有幾戶貧困人家沒有糧食下鍋了，來我家借米，我媽從來都二話不說，給上門的人滿滿一升稻米。

爸媽熱情好客，印象中我家廚房總是很熱鬧，三天兩頭就會請一次客，除了本村人，還有遠近鄉親，甚至山那邊的彝族人。彝族人喜歡來我家小賣部買酒喝，一開始，他們買一瓶酒和一封餅子，就坐在院子裡拿餅子下酒。後來從院子裡喝到我家餐桌上，喝著酒唱著歌，直到太陽落山才提著空瓶子罵罵咧咧翻山回家。

對了，說到酒，我家釀了十多年的酒，小賣部的酒都是我爸釀的，村子裡種的玉米和小麥釀的五十八度原漿，味道好到什麼樣呢？縣長曾經親自來我家買酒回去孝敬他老丈人。

很多個夏天的夜晚，很深的夜晚，我在床上聽到敲門聲，隨之走進來一、兩個，或者更多的人，那些是打獵的年輕人，他們手裡提著野兔子或麂子，有時也可能只是可以炒來吃的有幼蟲的馬蜂窩，或者幾隻田雞。總之，戰利品通通都交給我爸，我爸再叫醒我媽，點燃灶臺裡的火，大家圍著火說說笑笑，直到半夜裡霧靄升騰。東西煮熟了，我媽就會叫我起床一起吃（其實我早醒了）。年輕人喝著酒、吃著肉、唱著歌的夜晚，我爸還會拿出他珍藏的二胡給大家拉上一曲。

因為爸媽的能幹勤勞，全村第一臺電視機出現在我家；第一臺電冰箱也在我家；當然，還有第一臺摩托車；第一臺麻將機……。

村莊就是個熟人社會，我爸我媽是名副其實的青梅竹馬，他倆同年同月同日生，兩家父母也算世交。爺爺家和外公家相聚不到一公里，也就是從村頭走到村尾，兩人見了面，是要作揖行禮的，我親眼見過，外公還教過我。爺爺不苟言笑，一旦說話，都是有要緊事的樣子，聲如洪鐘，氣吞山河，嚇得我趕緊躲在外公的長衫後面。

我還記得外公穿斜襟長衫的樣子。外公和爺爺相反，身材瘦小，整天樂呵呵的，從我懂事起，他的牙齒就掉光了，他站在屋簷下向我招手：「我孫女，過來。」我就走過去，從他手裡摳出一顆糖果，聽他講故事。

爺爺教我背過《三字經》、《百家姓》，還有《增廣賢文》。外公整天喜歡幫我做玩具：木頭小車、泥巴捏的小房子、芭蕉葉編的丁丁貓（蜻蜓）。

現在回想起來，小時候的物質生活還是比較匱乏的，能吃到肉的日子，就是快活的日子，但小時候的我，竟然從來沒有這樣的感覺。一直覺得我們家好厲害；我爺爺奶奶好厲害；我外公外婆好厲害；我爸爸媽媽更厲害。好像我要什麼，我爸媽就能給我什麼；甚至我想都想不到的東西，他們也能變給我。比如有一年，我爸帶回一把塑膠花，天啊！那花開得跟真的一樣，那個時候覺得我爸怎麼那麼厲害啊！

有一次坐著我爸的摩托車，他問我長大後想做什麼，我說我想當老師。我問他想做什麼，他說他想讓我們家在五年之內，變成年收入能達到一萬元的家庭。結果就在當年年底，我爸就把一萬塊錢的存摺拿到了我和我媽面前。

我想要什麼，我爸從來不會拒絕，跟他要零用錢，一定會得到。我在我爸媽眼裡也是聰明、好學又懂事，我媽雖然天性喜歡罵人，但表揚起我來，也是沒有半點猶豫。我還記得四、五歲的時候，我媽安排村裡的小孩在我家院子裡看我和表妹表演節目，我們唱歌、跳舞，她一直在鼓掌，手拍累了，就穿上雨靴，用腳拍，拍出的聲音比誰都大，她自己高興得不得了。

我四歲半就在村裡的小學上一年級了，那時候沒有幼兒園，爸媽覺得把我送到學校，有人可以陪玩，他們工作也比較放心吧！反正老師、校長都是爸爸的好朋友。學校裡有個老師，是地主家的後代，頭髮花白，穿著藍色中山裝，胸前的口袋上永遠別著發亮的鋼筆，看到學生總是笑呵呵的。他的辦公室裡有好多書，我不愛坐在教室的時候，就溜到他辦公室找畫冊自己翻，也沒人管我。

在不少人的回憶裡，鄉村是貧窮，是落後，是愚昧，是髒，是臭。我寫過很多有關鄉村生活的回憶文章，總有人認為我在美化鄉村。我承認我所見到的鄉村可能不是大多數鄉村的樣子，它甚至也不是很多文學作品裡描述的那種鄉村，但它的確是我真真實實生活了八年的鄉村啊（我八歲後離家）。

現在想通這些問題了，我能幹的祖輩、父輩是多麼了不起，他們給了我一個那麼好的成長環境。他們可能從來沒有想過教育方法，也沒有想過要為下一代營造什麼樣的教育環境，他們只是憑著天性和傳統裡那些好的東西去生活，一天一天累積起無數個無需用言語表達的真義。

我所生活的這個鄉村，有美好的人與人之間的關係，有放鬆而沉靜的氛圍，有我一輩子受用不盡的安全感，到處都能看到對待生活的達觀和善意。

對自己是農村孩子的身分認同，並不是一開始就有的。我也曾經懊惱，那是當我八、九歲離家上學的時候，我發現全班同學就我一個是在農村長大的。就像一隻放養的小野獸，我不懂得如何與他們相處。那些在都市長大的孩子，有多麼令人驚嘆的世界和眼界啊！他們知道的東西我都不知道。但是很快的，他們知道的東西我都知道了，我知道的東西他們可能永遠都不會知道。就像龍應台說的，上一百堂美學的課，不如讓孩子在大自然裡行走一天。

一個在童年擁有過如此美好的鄉村生活，被愛和美餵得飽飽的人，總不會對當下要求太多。成年的路上，每當遭遇不幸和欺騙，儘管也會難過、感到受傷，但最後我自己總能從那種負面情緒裡走出來，我很清楚，那都是因為我在鄉村生活裡早就預存的能量使然。

有人說：「幸福的人不容易深刻。」也許有道理吧！苦難才能激發一個人的創造力。我對生活的熱愛和好奇已經大過於創作，沉入到每天細細碎碎的日子裡，已經讓我自得其樂，所以我至今也沒有寫出一部讓自己滿意的作品。我就是一個平庸且甘於平庸的人，有時候有點不甘心，但又怎麼樣呢？轉念一想，「寫得好」哪有「過得好」重要啊！

這麼多年，我確實更常見到了鄉村的好，以至於我如今的生活和創作，都或多或少與鄉村有連接。要說我的學校，這一生最珍貴的開始，就是鄉村這所自然學校吧！

我是在近幾年才聽到「自然學校」、「社區營造」之類的詞語，但其實回想起來，我童年的鄉村，就是一個天然美好的社區啊！

如今，我生活在都市裡，但還是像個農村野孩子一樣，對自然和鄉村有比別人更強烈的渴望。十多年前，我就在城郊附近租下一塊地和一個院子，空下來的時候，就跑過去做做手工、種種菜、發發呆。

四年前，我遇見了這個鄉村，且幾乎就在半個小時內決定：餘生要在這一處他鄉，種下我早已消失的故鄉。

這個世界上有很多美景，壯闊的、蒼茫的、精緻的、婉約的……但是鄉村的美跟所有的美景都不一樣，鄉村是日常的、是普通的，它有一種普通美。

每一次從都市出發，上高速、下高速，我的車一彎進鄉村道路的時候，看著兩旁的松樹、竹林、油菜花田，我突然有種好像自己被安慰了的感覺。我想這種感覺就是找回了自己的生活，找回了三十年前那種鄉村野孩子的生活。這是生活本來應該有的樣子，只是這種本來應該有的樣子，已經被我們丟失得太久了。

我們在明月村建設了一個手工草木染布的教室，準確說，這就是一間與自然有關的學校，其實學習草木染只是我們其中的一個功課，是一個通道，更重要的是我們要透過學習草木染，來學習怎樣走進最真實的生活。

一天裡，每一個經歷都是在學習。學習和同伴的合作，學習去觀察這裡的自然、天氣、植物，學習了解這些工具的使用，甚至我們還要學習怎麼去吃飯。

到了傍晚，一天的學習結束了，我們會在田野間布置一場精美的田野火鍋派對。在竹林和田野的映襯下，我們在一起狂歡，分享勞動之後的喜悅。之後我們又會進入一個很安靜的狀態，大家圍坐在一起書寫，相互交流，進行思考、整理。最後當夜深人靜的時候，我們會擁有一個非常好的睡眠。

一個人如果處於一種簡單的勞動狀態，他的身體和心靈是完全合一的，就是那四個字：身心合一，一種非常舒服的狀態。事實上，現在有太多人是身心分離的，他們在做一件事的同時，可能想的是另外一件事。但是草木染的學習，就是讓大家把身體和心靈結合起來，回到當下，就是此時此刻。

一天好像就是在經歷人的一生。早晨就是一個嬰兒，一樣對這個世界敞開，然後慢慢成長，會由中午到傍晚，從生命最燦爛的時候，進入到暮年，進入一個收拾、思考的過程。所以一天就是一生。

「草木染」，我們想字面的意思就是：用草和木等大自然賜予的材料，來為我們的純天然織物進行染色。其實我們在進行這樣的勞作時，會對大自然生出更多的敬畏，也會驚嘆於大自然的神奇。其實自然已經給了所有我們需要的東西。

沒有打開那塊布之前，真的想像不出來，我們究竟會染出一個什麼樣的作品。有的是我們能掌控的部分，而有些是我們沒有辦法掌控的部分，這個也像是人生。有時候我們會收穫期望得到的東西，有的時候也會有些意外，不管是好的意外，還是壞的意外。

在明月村生活一天、兩天、三天，甚至更長的時間，在我看來不是逃避。這裡不是隱居，不是世外桃源，就是生活本來的樣子。

我希望在這裡生活幾天之後，在這樣一種日常的、普通的生活裡面，獲得一種面對當下的力量，我們把這種力量聚集起來，進入到我們每天的生活裡面。

鄉村生活，那是我生命的來處，我也終將回到那裡，這是一個農村長大的孩子對土地最深的眷念。這是幸運，也是宿命。

我始終還是個鄉下孩子。

最老的老家

一

奶奶今年九十一，住在我最老的老家。我們開車回去看她，到家門口，兒孫們在車裡大喊「奶奶，奶奶，我們回來囉！」。沒人回應，大家跳下車看，大門上了鎖。我媽說：「又不知去哪家串門子了，大家坐在門口等一等。」

大家坐在門口等，我開著空了的廂形車去村子另一頭的學校，那裡有操場，好停車。車行至學校院牆外，看見幾個老太太坐在大榕樹下乘涼，其中一個人影站起來，往我這邊小跑過來，趕緊停車，是奶奶。她一邊跑一邊說：「福滴啊！回來了啊！我聽車子聲音就曉得是妳。」

奶奶頭戴深藍色圓頂毛線帽，穿一件淡紫色襯衫，身子瘦小，皮膚像用過很多年的紫銅，清冽有光。她走近了，把我的手握在她手裡揉搓，手腕上鐲子閃閃發亮。

我說：「奶奶，大家都回來啦！我們停好車一起回家吧！」她說：「那妳停，我先回去。」又是一溜小跑往家的方向去了。

停好車走回家，客廳裡奶奶被大家簇擁著，只見她半邊屁股坐在單人沙發扶手上，一隻腳懸在空中，另一隻踩在地上。見我進門，硬要拉我坐她屁股旁的沙發：「福滴，來，座位留給妳的。」

我也學她，坐在沙發另一邊扶手上，伸手過去摸她的臉：「皮膚晒得更紅了喔！好看。」

她也跟著摸自己的臉：「今年樣子還好點，去年才慘，不曉得怎麼了，臉上長了幾顆疙瘩，癢，喔喲喲！一摳就爛。」

「我去年回來看見小小在幫您敷面膜，效果好嗎？」小小是我妹，問這話的是我表妹文婭。

大家哄笑起來，奶奶也笑，過一會兒收起笑容，一本正經回答：「不怎麼樣，後來自己好的。」說完大家笑得更厲害，奶奶也跟著笑。

我九十一歲的奶奶，笑起來還是個會害羞的小女孩。

二

我提議孫輩們去屋頂天臺看看。天臺上奶奶種著蔬菜和九重葛，還有火龍果，其中一株結了又大又圓的一個果子，眼看要紅透了。記得去年一邊欄杆還爬滿了百香果，紫的花和更紫的果多得不得了，可能奶奶嫌長得太好，影響其他植物，今年早已清理得乾乾淨淨。

在天臺上玩一會兒下樓，奶奶又不在家了。跑出門看，有個親戚來約她去另一個地方吃酒，正在門口商量送多少禮金好。商量好了，她轉身進屋，嬶說剛才孫兒們給她的紅包有點多，放好了再去。這時候那個親戚探進頭來，「妳怕是不放心我喔！」

奶奶哈哈笑：「妳，我倒是放心喔！」轉身對來看她的一屋子人說：「你們慢慢玩，我走了喔！」放好紅包，從裡屋出來，就只見她和那位親戚，手挽著手往坡下那邊去了。

我們這些專程來看奶奶的後輩，坐滿奶奶家一屋子，但是奶奶出門吃酒去了。又聽說吃的是喜喪酒，有個遠房親戚過世，該是比奶奶年紀小許多。這山村裡，和她一樣年紀的人已經沒剩下幾個了。

三

好多年前，剛大學畢業，我請奶奶去我家玩。奶奶說她才不去，要是死在那裡，扔進火裡燒，就太划不來了（老家可以土葬）。九年前我生小練，奶奶坐好幾個小時的火車來這裡，她第一次出這麼遠的門，也是她人生第二次坐火車（上一次是幾十年前去離家最近的一座天主教堂，兩小時車程）。奶奶暈車，好幾個小時一路暈過來。

奶奶來這裡是件大事，驚動了在這裡的所有親戚，我家客廳被擠得滿滿的，大家問奶奶：「這裡好不好？」奶奶回答：「我福滴孫女在這裡嘛，就好囉！」

我帶著小練和奶奶逛我工作過的地方，杜甫草堂紅牆綠植下，我幫祖祖和重孫拍了張照片，照片裡奶奶穿一件絳紅色外套，裡面的花襯衫領子整整齊齊翻出來。奶奶咧著嘴笑，幾個月大的小練懵懂看著鏡頭發呆。

不到一週，奶奶就堅持要回去，還是那句話，死在這裡會被燒。和奶奶告別，奶奶說：「這回怕是最後一次見妳嘍！孫女兒，說不定哪天就走了。」說這句話的時候她在笑，我也跟著笑，但我悄悄把手揣進衣服口袋裡，用力捏，生怕自己會笑著哭出來。

四

我是個早產兒，待在我媽肚子裡不到八個月就出生了，三斤八兩。大家都說養不活了，算了。只有奶奶不放棄，我媽沒奶，奶奶就熬米糊給我喝。長大點了，奶奶啃玉米在嘴裡嚼碎，吐出來餵到我嘴裡，就是鳥雀投食那樣。我爸說：「媽，不衛生喔！」奶奶生氣：「什麼衛生不衛生，你還不是我這樣餵大的。」

這些都是長大後，我媽跟我講的。我媽個性強，嗓門大，壞脾氣來了，對誰都沒耐心，爺爺、外婆、外公、我爸，她都沒耐心，但從不對奶奶這樣。這些年，好多次聽說我要回老家，我媽都是那句話：「給妳奶奶帶個禮物。」

和奶奶最初在一起的記憶，是四、五歲躺在她床上，我們各蓋一床被子，但我總把腳伸進她被窩，她的手伸過來暖我的腳。那時候的床褥子下墊著穀草，翻個身，細細碎碎的響聲，讓人安心。很深的夜裡，偶爾有布穀鳥和山雞在屋後樹林裡鳴叫，奶奶在我身邊念叨：冬月要來了，誰家田裡沒水了，誰和誰吵架了，誰誰命不好……她跟一個小娃娃說這些幹嘛呢？她念著念著，我就睡著了。

那些年，我爸媽忙，傍晚的時候總不在家，爺爺和其他親戚們也不知去了哪裡，就只剩下我和奶奶。奶奶坐在過廳矮板凳上砍豬草，兩手各拿一把菜刀，上下交替、篤篤篤剁著。有時她遞給我一根地瓜藤，教我左掐一下、右掐一下，不一會兒，就變成好看的項鍊，掛在脖子上。

太陽下山了，奶奶牽著我的手走出門，我們家在高處，風透過竹林吹過來，涼絲絲的。有時候我抓緊奶奶的手，沿著水稻田梗往山坳裡走，那裡有棵大榕樹，每天夜晚都有村民和貓在樹下聊天。這個大山深處的小村莊，我從出生到八歲，一直完完整整生活在這裡，如今幾十年過去，村莊早已面目全非，但只要奶奶在，這裡就還是我最老的老家。

五

奶奶，其實不是我的親生奶奶。我爸是她從鄰村一戶人家收養來的。我爸的生母在我爸出生後三天就過世了。收養我爸之前，奶奶有一個女兒，收養我爸之後，又生養了五個孩子。如今七個兒女，有三個已不在人世，其中一位，我姑姑的墳頭，就立在奶奶住的這棟房子對面的山坡上。

姑姑和奶奶最親，奶奶最心疼姑姑，姑姑去世那年不滿五十歲。葬禮上，奶奶哭天搶地，嗓子哭啞了。我肚裡懷著小披薩，大家不讓我回去參加葬禮，我也不敢回去參加，我怕看見奶奶哭成那樣。葬禮三天後，爸爸打電話給我說，妳放心，妳奶奶沒事了。

葬禮一週後，我回老家看奶奶，奶奶嗓子還是有點啞，整個人變得更瘦小了，但她還像往常一樣對我笑，口袋裡摸出一把葵花子，遞給我嗑。我像什麼也沒發生似的，跟奶奶聊天、開玩笑，就是不敢看她的眼睛。

傍晚奶奶出去溜達，我跟爸爸說，我要去姑姑的墳頭上炷香。我們準備好香火，往對面山坡上走，墳包立在一片豌豆坡地裡，豌豆開花了，白色的，墳包上飄著紙做的幡，也是白色的，風吹過來呼啦啦響。離姑姑的墳頭越來越近，我看見一個小小的人影在新墳前忙碌清理，腳步就邁不動了。

是奶奶啊！

每個人都是自然的一部分

山村的雨季來了，穿一件薄棉襖還有涼意，早餐吃地裡摘下的玉米，隱約的甜香飄過來，水蒸氣在灶臺瀰漫，感覺到「雨天廚房裡濃郁古老的暖意」。

通常這裡都是這樣，晚上一陣雨，早晨起來，天就放晴了，怎麼也熱不起來。夜晚聽雨點打在樹葉上，窗外是竹林，窸窸窣窣的，像有很多人在小心地說著悄悄話，怕別人聽見說話的內容，又怕別人聽不見他們在說著話。

這是我回到老家的第七天，身體已經完全適應這裡的生活，只是有時會有短暫的心慌，無所事事的空虛，會突然感覺被世界拋棄。

從出生到八歲，我都生活在這裡，之後每個月回來一次，再之後每半年回來一次，再變成一年回來一次，後來就不怎麼回來了。

現在又回來了，或許是想透過住在這裡，更好地走進自己吧！我從一座熱鬧喧囂的城市回來，那座城市正在建設，所有的城市都在建設，永遠在建設。每天，那裡都有新聞發生，每天都有人遭遇意外，每天都有人在狂歡和哭泣。新聞在不斷地歌頌時代，人們在抱怨交通、詛咒環境。城市令人眼花撩亂，一切都是虛張聲勢。在這些東西填充的日子裡，每個人都離「自己」更遠了。

我帶著這些背景音回到山村裡，像一隻疲憊的老馬，因為背負太多而走不動。可是大自然正照它自己的方式在運行，它不會管你正在遭遇什麼，它只是生長著，發生著，它永遠是這個樣子，春夏秋冬，沒有什麼能夠改變。

神奇的是，我身體裡一部分早已沉睡的知覺，正慢慢被打開，就像我的女兒。她第一天回到村子裡的時候，雙腳不敢落地，那些既不平整又溼漉漉的泥土，把她嚇壞了，可是慢慢地，我看她在田埂上奔跑，那分明是一種飛起來的狀態，她正變成這自然的一部分。

我也是，我本來就應該是，每個人都應該是自然的一部分。我就住在爸爸建造的一座房子裡，這房子坐落在一條小溪旁，房子的左前方有一棵老樹，老得沒有人能說清楚它的年齡，它的樹幹需要五、六個人才能合抱，它的枝葉繁茂，一點也沒有要老死的意思。

老樹不死，但人會死，死亡在這裡，在自然裡，是一個平淡的詞語。

我們的房子隔壁還有一座房子，從我家樓頂望過去，隔壁這家主人正在院子裡做木工，新鮮的木頭被刨得平整又光潔，滿地都是木屑。爸爸說，主人在幫自己「割大板」，就是做棺材。

這位主人六十幾歲，體格還硬朗，他一邊和妻子說笑，一邊用力工作；有時停下來，瞇著眼睛看著自己的勞動成果，差點就要躺進去試一下大小合不合適了，臉上時常露出滿意的表情。

小溪對面有戶人家，常年只有一位老人在家，老人的兒子出門工作了，老人每天拿著一隻菸斗在村裡溜達，轉著轉著就會走到他家屋背後的半山上，那裡有一座空墳，是他為自己準備的，他為他的墳除草，有時帶一瓶酒去喝。有一天他在墳前罵，哪個龜兒子把我的墳弄髒了。後來聽說，不知誰在墳裡撒了灰，這叫偷墳，有人見這裡風水好，將自家死去的親人骨灰撒了些進去，想要好運。

有一位老人，爸爸說，他很老了，在他臨死前一個月，他爬上另一棵老樹，砍掉了東面的樹枝，他跟他的女兒說，他死後就埋在這砍掉的樹蔭下，一個月後他就死了。

還有一位老人，他也很老了，住在更高的山上，他不願照相，請我去幫他畫一幅畫像。他的兒子把他扶到院子

裡坐下，他那天穿著不常見的老式中山裝，坐在一張老舊的太師椅上。我支起畫架、拿起畫筆時，這個威嚴的老人露出了對這個世界最溫柔的表情。在畫像的一個多小時內，我沒有感覺到時間的存在。

他們就是這樣對待死亡，死不是悲、也不是喜，死只是一個事實，一個早已從出生那天起，就接受的事實。人都會死，只有那棵老樹，永遠枝繁葉茂，不會死。「那個誰誰誰，昨天死了。」奶奶坐在老家屋簷下跟鄰居聊天。「燒的？還是埋的？」鄰居問。「死在城裡，只有燒了唄！」「嘖嘖……。」

很慶幸我是個鄉下孩子

十來歲的時候，外公和姥爹（爺爺）都還活著，我喜歡聽他們講和村子背後山上的彝族人打仗的故事。不知道是不是因為兩個人身分不同，從他們那裡聽到關於戰爭的版本，是不一樣的。外公說彝族人很凶殘，他們有槍，被他們抓去的俘虜，從來沒有健康的回來，要麼死了，要麼殘了。姥爹眼裡的彝族則溫和些，我記得無數個天空被夕陽染紅的傍晚，姥爹坐在屋簷下，手拿長柄菸斗，我幫他的菸斗添上菸葉，他一邊咂嘴一邊開始講：「山上那些老彝教嘛，有什麼嘛！就是有點不要命嘛……」姥爹從不認為和彝族人的衝突是「戰爭」，他們只是來搶漢人的牲口和錢財，搶到了就跑回山頂去了，姥爹也有槍，他不怕他們。

1985 年，爸爸是酒廠老闆，我媽在院子裡開了商店，除了賣酒，也賣些副食布匹什麼的，來商店買東西的人，有一半是彝族。趕場的時候，背一筐馬鈴薯下山賣給漢教（彝族人也這麼稱呼我們），再到商店裡買酒喝到太陽下山，臨走時為老婆孩子帶一包水果糖、一塊棉布，這是每個彝族人最享受的一天。那個時候，院子裡常常擠滿了彝教，他們大多席地而坐，幾個人圍坐一堆，每個人手裡一瓶白酒，面前擺著一封紅糖餅，吃一口紅糖餅，再舉起酒瓶喝一口酒，然後嘴裡發出「嘖嘖嘖」的感嘆，個個快活得像神仙。

神仙們喝完酒就該回家了，但常常有人喝完還想喝，就又來買，有的人沒錢了，就把一開始給老婆孩子買的棉布、糖果退掉，換成酒，這些又喝完了怎麼辦？這時候就有人對著我媽說漢話：「老闆娘喂！先賒欠可不可以？阿麼，要得嘎？」

我媽通常是同意的，她如果不同意，彝教們就會去找我爸，我爸爽快得很，二話不說就把酒給人了。喝醉了的彝教走路東倒西歪，村子裡的小孩子都有點怕他們，不過他們一旦藉著酒勁唱起山歌來，小孩子們就圍攏上來，跟著窮開心。那歌聲準確地說，是喊聲，是從身體內部崩裂出來的、帶著一點曲調的喊聲，通常是這樣開始的：「阿麼次朵－朵樂嗨……」也有喝醉了打架的，他們自己打，也和漢人打，奇怪的是，不管喝得多醉，都不會在我家院子裡打，打架的地方通常是村口那棵老榕樹下，那棵老榕樹長在路邊的高處，不少人打著打著就從高處滾下去了，這場架就算是打完了。過不了多久呢！又看見打架的人結伴來我家買酒喝啦！

彝族女人也來趕場，比起男人們，她們要含蓄些，她們對漢人世界裡的一切都充滿好奇，而且她們總是那麼直接地展示她們的好奇。比如，她們喜歡盯著我看，一直盯著，怎麼說呢？彷彿一個穿對襟衣服的漢族小孩不是人，而是一個新奇的物體。她們每個人都長得好看，鼻梁高高的、皮膚黑黑的、眼白白白的、眼珠子又大又亮。老實說，那麼多年，我一直不習慣被這些好看的女人這麼盯著看吶！

整體而言，開這個商店，也沒賺到什麼錢，倒是因此結識了不少彝教朋友，每年火把節，我家都會收到羊後腿，這是羊身上最好的部位，Qiobo 們（彝語裡朋友們的意思）把羊身上最好的部位送給了爸爸。我記得最多的一次，一共收到二十個，太多了吃不完，我爸就叫來全村人，消滅了它們。

在那些 Qiobo 裡，有一個叫「納尼」的人，和我爸關係特別好。有一個傍晚，他在我家院子裡，和我爸喝完一斤糧食酒後，就離開我們那裡。一年半後回來，他開著一輛吉普車出現在我家門口。這個時候，我爸的酒廠已經倒閉，但他還是拿出私藏的好酒招待，納尼幾杯酒下肚，把我拉到身旁，從白襯衫口袋裡拿出一疊錢放在我手心，那是八千塊，那是 1990 年，八千塊多得把一屋子的人都嚇傻了。納尼一邊給我錢，一邊對我爸說：「小福滴（我的小名）讀到哪裡我供到哪裡，大哥你放心，你要是拿不出錢，找我！」

後來，在我上大學需要錢的時候，我爸真的拿不出錢了，他把僅有的四十五萬都墊在納尼的一個建築工程裡，而納尼自己正四處躲債，偶爾也偷偷跑來我家找我爸喝酒。我媽要我爸向納尼要錢，我爸反問我媽，妳想想當初納尼二話不說，放八千塊在小福滴手心，我現在開得了口嗎？

我上過的一所學校，有學生是彝族。在我們班上，我最好的朋友就是一個彝族女孩，她長得很美，嗓子更是出奇的好，這麼多年，快二十年了，我們一直保持聯絡，每年都會見面。她目前在老家一所小學教音樂，在此之前做過運動員、歌唱演員，甚至警察，她有著讓人唏噓的人生，總讓我想到爸爸那個後來完全失去聯絡的朋友納尼。

為什麼我和我爸都曾經有一個那麼好的彝族朋友呢？是不是我們的血液裡也流淌著一些彝族人的基因？雖然現在遠離了那個小村莊，但我和我爸都常常會被剛認識的人問：你是不是彝族？每到這樣的時刻，我總是不正面回答，情願讓對方誤以為我就是彝族，我心裡充滿了這誤會帶來的驕傲，這是很美妙的。

人真的需要時常跳出來，
審視周遭，
思考每件事背後的動機，而不是看到的表象。

每一段時光都無所謂好，也無所謂壞，
重要的是享受活著的感覺。

人處在一種簡單的瑣碎中，心靈反而更放鬆，
精神世界的昇華不一定是讀了很多書、走了很多路就能完成的。

越是這個時候，越能感覺到生命的渺小和卑微，
也就安然地過這卑微而又自尊的生活。

鄉村是日常的、是普通的，它有一種普通美。

人們總是更熱愛時間、情感堆積起來的東西，
以此找到精神層面的滿足。

勇氣、信心、愛，對我這個普通人來說，
並不是生來就有，這都是歲月給我的禮物。

人生最溫柔的部分，一直住在鄉村裡。

外婆和外公

外婆和外公，他們面對死亡的態度，曾經讓我費解。外公在我十三歲那年離世。我記得他永遠是一副要與病魔抗爭到底的姿態，每當疼痛來臨，他咬緊牙關、鼓起雙眼，像個隨時準備上戰場的戰士。他每天按時服藥，堅持散步，生活有規律，用力地活著。儘管死亡一天天逼近，他卻是一點也不相信的樣子，隨時企圖要逼走死亡。在最後的時刻，他抱著他的兩個女兒親吻，每一個細胞、每一次呼吸都在表達對生的不捨。

五年前去世的外婆則沒那麼積極，去世前半年，我見過她，那個時候她的身體已經完全變形了，她皮膚發黑、眼神混濁，整個人被病痛折磨得不像樣，她坐在火塘前添加柴火，火光印在她的臉上，我清楚地看到她臉上深深的皺紋，以及皺紋上一層薄薄的灰塵。她抬頭望我，露出的竟然是孩童般的笑容：「蝴蝶回來了哇！進來坐。」

我就坐在她身邊，小心地坐著，和她一起看著火塘裡的柴火。柴火之上是一壺水在等著沸騰，時間好像停止了，我一動也不動，生怕驚動什麼。外婆卻不，她用顫抖的手，從衣服口袋裡翻出一顆酥心糖，掰成兩瓣，一瓣放進嘴裡，一瓣遞給我。她說：「蝴蝶，吃喔！甜喔！」她坦然接受死亡的降臨，從不打算反抗，或者爭取什麼。她不再吃藥，卻每天嗑瓜子。

外公和外婆，一個積極中映照出恐懼；一個消極中卻透著樂觀，而到底哪個才算是勇敢？我想這是一個女人和一個男人的不同，又或者是一個母親和一個父親的不同。

外婆結過三次婚，生過八個孩子，活下來的有六個。據說在那個年代，這算成功率高的了。我無法知道、也無從想像，在撫育孩子的過程中她所經歷的，只記得她嗓門大，愛罵人，時刻以進攻的姿態保護自己，所有悲哀和苦痛都寫在臉上。她面對死亡的態度就是她面對這一生的態度：被動承受，坦然接受，在大悲觀中，堅持細微處的樂觀。這些特質，在我媽身上也有。

大饑荒年代，外婆偷過東西。外婆家隔壁就是村子裡的糧倉，外婆指揮外公在牆上鑽出個手電筒大小的洞，然後她做一把長柄木勺，每天挖一點點糧食過來，這才救了一家人的命。據說外公一直為這事耿耿於懷，偷東西總是不齒的。外婆卻沒有絲毫糾結，在一個母親的心裡，孩子的命勝過所有。她事後談起，是自豪的。

大概女人都是這樣：容易妥協，逆來順受，也不抱怨。而一旦認定的事情，就會覺得理所當然，甚至包括愛上一個沒那麼好的人。所以，女人不愛講道理，女人的世界只有「認死理」。

而男人呢？看一個男人如何，恐怕要看他愛上了一個怎樣的女人吧！一個男人最高的品味，就是他選擇的女人。

電影《冷山》裡，那個在戰場上渴望歸家的男人，需要克服的是難以想像的困難；而戰火之外的冷山，他的女人，一天天對抗粗糲的生活，在一片荒蕪之地等待。說不上哪一個更難，但若將他們的身分對換，恐怕都無法走到電影結束相見的那一刻啊！這兩種堅持，本就分屬一個女人的隱忍和一個男人的勇敢。

第六部分
寧遠和她的朋友

我愛的人，他們已經出現，
我現在要做的就是好好愛他們。

如果你找到了喜歡的工作，就等於一天也不用工作

一

那天十幾位同事進城拜訪花門男裝，再一次見識到一群害羞的人，如何硬著頭皮上。

會議室裡擠滿了兩家公司的員工，先是主人們逐一自我介紹，眼看輪到我們了，坐我身邊的貝殼身體開始僵硬，再看坐對面的同事，臉慢慢漲紅的至少有三位。

拜訪結束，回程路上，大家都在感嘆。平時自己人在一起，話多得很，見到外人怎麼就那麼不成器，上不了臺面。

回想去年年會，首次設置了各部門負責人上臺年終總結的環節，這可難倒大家了。明月村項目負責人小喜講完後，回到自己座位上時，大家舉杯慶祝，他自己也端起酒杯。跟同桌的人碰杯，他的手還一直在抖，已經不能正常把酒杯端回自己嘴邊，為了不讓酒灑出來，只好探起身，讓酒杯和手維持在原地，嘴巴湊過去喝。

客服主管文婭不想讓大家看到她緊張而顫抖的雙腿，不走到舞臺中央，從開始到結束，始終站在主持臺後面。

但是雷射筆暴露了她脆弱的內心，小紅點始終在大螢幕上微弱地跳動。

庫房總管曉曉長這麼大，第一次在如此正式的場合講話。有幾次 PPT 無法翻頁，又急又緊張，直接在臺上發出「啊唄」這樣的老家土話感嘆詞，麥克風被噴得噗噗噗響，比她講的所有內容都大聲。

至於 CEO 貝殼，她身體不抖，下嘴唇抖。只是她講的內容實在真摯動人，以至於我聽著聽著就忘記觀察她的下嘴唇。同事們也被感染得一塌糊塗，結尾時差點一起抱頭痛哭、或振臂高呼了。

但是第二天，貝殼在朋友群裡發了一句話：「不要讓口才超越自己的能力。」雖然一下子就刪了，但肯定不止我一個人看見。

二

晚餐後，我、貝殼和小紅帽搭慧子的車回家。大家繼續嘻嘻哈哈說著晚餐時聊到的內容。我說，真好哎！半個月一次的相聚，結束時我們還能讓餘韻在回家路上延續。我們四個的家接續著。

慧子放慢車速，示意我們看馬路中央幾棵高大的木本繡球，夜幕下路燈裡發出幽幽的光，隱約看到幾朵白色花球，更多的是綠葉掛滿枝頭，花兒們就快過季了。這條路我們每半個月經過一次，看這一排樹木都成了固定節目。

幾年前貝殼住的地方和我相距二十幾公里，每次聚會結束，我會先送她回家，不為別的，就是捨不得分開。

小時候也差不多，她每次來我家玩，我都會送她到幾里外的黃土坡，她自己一個人再走幾里路回她家。有時候索性我就跟她一起去她家了，第二天她再把我送回來。如此循環往復，直到我媽和她媽都忍不下去了。

時間好像帶走了很多東西，但每次一起玩、或者工作，還是會不捨得分開。這感覺一輩子都不會變了吧！

三

何大草老師三次來遠家給他的小說《春山》簽名。每一次都在中午來，坐在一樓窗邊的木桌邊，腰桿挺得筆直，端端正正保持一個姿勢，一個字一個字寫。不僅是寫上他自己的名字，還有一句王維的詩。不是只寫那幾句大家熟悉的，我翻了十多本，沒有一句重複。

每一次簽完都深夜了，其實是沒簽完，不得不走了。

慧子看何老師簽名太辛苦，就說：「何老師，要是您覺得太累不想簽了，您就說出來，我們不賣簽名本了。」何老師回答：「不，要簽，這比寫一本書簡單多了嘛！我現在看這本書都不曉得當初是怎麼寫出來的。」

何老師還對文案小刀說：「以後你簽自己書的時候就曉得了，書做出來了再簽名，就和把自己親生的孩子打扮漂亮是一樣的。」

何老師練的魏碑，偶爾寫著寫著就不知道那個字怎麼寫了，當寫錯了，又把那個字救回來的時候，他還拿起來仔細端詳一番，然後拍照留念。

簽書之餘，何老師吃了兩頓遠家的工作餐，他說相當可口。大家邊吃邊聊電影、小說，其間涼笑被魚刺卡到，何老師建議她分別用涼水、稀飯、乾飯、白菜、豆腐、魚肉等大口吞嚥，最終化險為夷。

我們想做一件《春山》主題的紀念衛衣，前胸印上書的封面——何老師自己寫的「春山」兩個字。考慮到版權問題，我們徵求他的意見，還沒細談合作事宜呢！他一口就同意。我們提醒他，出版社那邊會不會需要溝通，他說他去問問，又放下一句話：「你們放心，萬一出版社不同意，我重新寫春山兩個字，寫得和書上的不一樣。」

在這之前，麗華設計了一件蠟染 T 恤，開建染好送給何老師。一天後，收到何老師認真拍出的照片，照片裡他穿著T恤、配牛仔褲、戴鴨舌帽，站直身子、低下頭，雙手隨意扶在沙發靠背上，還真有模特兒的樣子呢！

同事們感嘆，你說我們尊敬的何老師，怎麼就那麼可愛呢！

四

我開車去貝殼家樓下接她，好友唐要來工作室找我們玩。

準備出發的時候，發訊息給貝殼，她沒有回應，心想等一下再聯絡，就出門先去超市買些吃的喝的。買完東西再打電話，她說妳過來吧！我準備好了，隨時可以出發。

五分鐘後到貝殼家樓下，沒人。整理了一會兒副駕駛和後車廂，她出現在社區門口。

上車後她拿出一堆化妝品，原來還是素面朝天。我心想妳準備了什麼嘛！想想我一大早起來收拾，化妝就不說了，還清洗、準備了茶具和花瓶，專門挑了柑橘味的香氛，在超市挑選上好的藍莓，這還當起司機。接到的人總該有點待客的樣子吧！沒想到是這副吊兒郎當的樣子，心裡有點生氣。

這時候她一邊把副駕駛前面的鏡子掰下來，一邊問：

「妳說應該先抹防晒乳，還是隔離霜？」我心裡的火又大了點。平時不愛打扮，連護膚乳液都會忘記擦的人，這會兒竟然如此講究？再說我也不知道到底該先抹哪個。

「搞那麼複雜幹嘛？直接抹隔離帶防晒功能的就好了。」

「喔！這個牌子沒有二合一。」

「那就換個牌子。再說今天都在工作室，晒不到太陽，抹了也是白抹。」

她不抹了，小小的汽車裡充滿了火藥味。

幾分鐘後到達工作室，我想到花瓶帶來了，但沒花，跟她說：「我來布置茶席，妳去摘些野花。」

太陽有點大，她找到一頂帽子戴頭上，都要出門了，想起什麼，不疾不徐拿出防晒霜，擠一坨對著工作室鏡子慢慢抹。還時不時看我一眼，用那種挑釁的眼神。

「戴上帽子抹防晒霜，等於脫了褲子放屁。」

話音剛落，兩個人狂笑起來。

謝謝妳啊！親愛的小貝殼

貝殼是小我十個月的表妹，她總說她不敢老，因為她老了，人家會說，寧遠的妹妹都那麼老了，寧遠真人不曉得有多老。有一次她還說，那個李冰冰有個妹妹，對外都宣稱是她姐，要不我也當你姐算了。

在工作室忙了一天，下午的時候，我們坐下來歇口氣。貝殼看我一眼，眼神充滿憐惜，嘴裡說的卻是：「哎喲太難看了，又老又醜，快回家休息吧！」

昨天散步，我說：「貝殼妳最近真好看，妳曉不曉得為什麼？因為妳胖了，妳還是胖點好看，皮膚繃起來顯年輕，瘦了就會皺皺的。」她說：「是的，我也覺得我最近還可以，但是妳就不能胖，妳胖了就俗氣，仙氣都沒了。」

應該是前年，最開始發現自己長白頭髮的時候，我數了下，共有六根。數完趕緊扒開貝殼的短髮看，比我還多幾根。貝殼說：「白就白嘛！我們那麼幸運，長幾根白頭髮也是應該的。」但是說完，她就歪過腦袋，要我幫她拔掉。

這兩年我們的白頭髮越來越多，我看到貝殼的，就忍不住要幫她拔。最近一次再要拔的時候，她晃晃腦袋、皺皺眉說：「算了，拔不贏了。」

貝殼身高不到一百六十公分，臉只有巴掌大，笑起來眼睛彎成月牙，她當模特兒的照片顧客很喜歡，說看到貝殼穿遠家衣服也好看，我們就放心下單了。

直播的時候，有客人留言問，這件衣服小個子穿會顯矮吧？就看到貝殼從鏡頭後面跑出來：「我試給妳們看！」有人又問，貝殼妳身高一百六十公分吧？貝殼在鏡頭裡喊：「一百六十能當負面教材？一百五十六！」

貝殼是遠家CEO，CEO這個說法一開始是開玩笑的，在我們團隊只有幾個人的時候，她就是 CEO 了。

後來同事越來越多，貝殼真的就做起了管理，她裡裡外外把各種工作處理得井井有條，只有一件事無法面對，就是員工離職。

這事在前幾年很少發生，後來有一次，一位員工犯了錯，我們一致認為應該辭退這位員工。貝殼覺得說不出口，在我幫她做了一小時心理建設後，貝殼進房間跟這位員工談了兩個小時。出來的時候，我看見貝殼眼睛紅紅的，我走過去抱抱貝殼說：「沒關係，聚散無常才是人生。」結果她說：「姐，我還是把他留下來了。」

目前遠家員工六十人，照理說，有人員去留是正常的。不久前有位同事辭職，貝殼還是在我車上哭得稀里嘩啦。那天她搭我車回家，車子開到她家門口了，她不下車，側身問我：「我們到底還要不要做百年老店？」

我說：「要啊！」

她癟著嘴，鼻涕、眼淚止不住，「做百年老店的話，就不需要做很大，人少一點，每個人也都關心得過來，也不會有人辭職。我們踏踏實實把眼前的事情做好，就現在這些人，以後一起慢慢變老。」

我說：「妳都忘了我們現在正在變老哇？」她就笑了。

有次遠家摩洛哥之旅，一共有十七位成員，大家在長途巴士上輪流發言，講「成長」。貝殼的分享誠懇又實在，她不僅在講成長，也是在講「關係」，尤其是我和她的關係，好多團員和我一樣，聽的時候幾度流淚。

大家現在看到的貝殼，強大、放鬆又幽默，笑容有一百分的感染力，似乎本來如此，但我與她認識三十八年（她比我小十個月），我看得見她的來路，看到一個生命慢慢從緊張變得舒展，看得見成長路上歷經的風風雨雨，就會深深感慨，這一切有多麼不容易。

其實一直以來，貝殼更像我姐姐。小時候吃葡萄，她總把酸的吃了，甜的留給我，她說她喜歡吃酸的，我還真就相信了。

現在共同做遠家，她總說她喜歡做具體的事情，吃苦耐勞是她的本性，我也一度相信了，事實上，誰不想像我這樣，當個蹺腳老闆嘛！

前兩天有個朋友說：「妳看起來好輕鬆，哪裡像一個創業者，哪裡像一個幾十人團隊的老大。」我說：「你說對了，在我們團隊，我只負責『美』，別的繁雜瑣碎，有貝殼帶領同事們擔著。」

這麼多年，我對貝殼的評價是「固執」、「軸」。事實上呢！遠家誕生九年，變化最大的是貝殼。這種變化也展現在我和她的關係上。這方面我是被動的，當我們的關係出現問題時，尋求改變的總是她。我一直是這樣，而她換了好多款式來適應我。

我不怎麼用力，但是卻迎來貝殼努力執著的變化，是她拉著我，一起收穫更深關係帶來的默契和歡喜。

謝謝妳啊！親愛的小小的一隻貝殼。

我們都是老實人

記得幾年前的某一天，我召集工作室的弟弟妹妹們拍了支短片，短片裡大家講述我們一起做事情的點滴，當時的想法是：這件事情太美好了，要記錄下來。隱隱地也還有層意思：誰知道還能在一起多久呢！趁還在一起。

回頭一想，「在一起」這件事都持續那麼多年了。

小時候穿開襠褲在村子裡跑來跑去的時候，我們就在「開商店」，有人賣衣服，有人開裁縫店，那時候大家就夢想過，長大了要是能把家家酒的事變成真的就好了。現在回想，我們不就是生活在小時候的夢想裡嗎？

而且現在看來，我們比那時候更相信彼此，更享受在一起做事的快樂了。

去年夏天，我收到媒體郵件，說希望做一期遠家的創業故事，邀請我們幾位合夥人去攝影棚聊天。我轉身跟一旁正在電腦前忙碌的小喜說，要上電視了。他回我一句，事情越來越大了喔！

重要的不是做成了什麼事，而是透過做這些事，我們都成為什麼樣的人。認真想想，這八年，我們透過做遠家，都成為什麼樣的人呢？

貝殼離開報社記者崗位，從一個網路小店做起，事無巨細的經營遠家，這些年整個人越來越有自信，越來越放鬆。很多人都說貝殼的笑容越來越好看，我知道，這是因為有自由舒展的生命做底色啊！

小喜從電視臺專題攝影師的崗位辭職，放下攝影機，拿起照相機，為遠家的衣服拍下數以萬計的好照片，還自學平面設計及影片製作，即將開業的遠家實體空間，也在等著他大展伸手。小喜已經長為大喜，歡樂的本性卻一點也沒變。

慧子早已不是小時候鼻涕擦得滿袖子的王志春，這八年擔任生產總監，管理起工廠作坊和供貨商工作，雷厲風行，生養兩個孩子的同時，還能自學寫作和畫畫。不管遇到什麼，她一直在努力讓自己變得更好、更美呢！想到這個，就不免對她肅然起敬。

還有文婭和小小，從小到大跟屁蟲的宿命雖然難以擺脫，但從不會倚小賣小，成長最快的也是她們了。

而我呢！從一個主流社會的主持人，退回到日子的深處。做了八年的衣服，寫了八年字。再過兩個月，就滿三十九歲了，不覺得自己老，當然也不覺得還年輕，只是感覺隨時可以重新開始，也隨時可以結束。

昨晚一大家人團年，每個人要講一段過去一年最想和別人分享的事情或感悟，貝殼說的是，做一個老實人，也能過上體面的生活，這感覺太好了。

聽到這個特別想哭。

我們都還是老實人，而今後，也還是會在這條老實人的路上一起走下去吧！

我們的村長，我們的村

我第一次見到她，是在2015年1月，高速公路出口，遠遠看見一個穿藍色外套的女孩在向我招手，車開近了，看見她身上的藍色外套是我家的，褲子和鞋子也是我家的。她並不知道她等待的是我，她的上司徐先生只是臨時告訴她，有個設計師想來村裡逛一逛。

「嗨，妳好，我是寧遠。」

「哇，遠遠啊！我買了妳家好多衣服，太好了，太好了。我叫陳奇。」她一邊說，一邊笑著，圓圓的臉上，眼睛瞇成一彎月牙。

我就這樣認識了明月村的村長，也就從此有了和這個村那麼多的故事。

她帶我去村裡閒逛，到處是松樹和茶田，竹林掩映著白色房子的人家，風吹過來，我就被什麼東西徹底安慰了。走到一個路口，有位老伯伯兩手背在身後，穿一件藍色中山裝，彎著腰，抬起頭朝我樂呵呵地笑，問一聲：「吃飯了沒呀？」像問家門口某個熟悉的女孩。

後來去到羅大哥家的院子，大姐送我她結婚時的嫁妝，一個放在院子裡五十年的洗臉架，只因為我誇它好看。

這一路上，不管遇到什麼，陳奇總是「哎呀」、「太好了」、「嘖嘖嘖」……倒像是她第一次來。我不太會表達感情，而她毫無壓力，好就是好，就是要說出來，我受到她的鼓舞，用很大的力氣說：「我要留下來，在這裡做點事情。」

這之後，羅大哥家的院子就變成了現在的遠家草木染工房。那個時候他們正準備搬家，破敗的老房子打算推倒了，但是情感上捨不得。現在羅大哥和老伴就住在我們翻修過的廂房裡，繼續過著他們習慣了幾十年的生活。羅大哥有一次托陳奇問我，他死後能不能就埋在院外。我連聲點頭，可以、可以。

如果沒有村長，不會有今天的明月村。像我一樣來到村子裡的，就會留下來了。每個人第一次來村子，見到的都是我第一次見到的陳奇，她陪他們逛村子，懷著巨大的熱情，像她自己第一次來這裡。

每一個第一次來村子的人，都會被村長的笑聲打動。村長的笑聲像是從肚子裡發出來的，有底氣，有感染力。除了笑，她還喜歡用感嘆詞，「哇」、「天吶」、「太棒了」、「太好了太好了」……就好像我們大家的體溫都是三十六點五度，而她總要高一度，對什麼事都傾注更多的熱量，用了更多的力氣。

特別讓我驚奇的是，第一次這樣能量滿滿也就罷了，幾乎每一次，只要在村裡見到她，她都是這樣的狀態。她做任何事，那件事在她眼裡就會了不起，就會有意思，當然也就會感染很多人。

拍照那天也是這樣，村長一直在笑，止不住那種：「天吶！太開心了，謝謝遠遠來拍我。」搞得我只好一直提醒她，收點笑容啊！只露出八顆牙齒比較好看。

她唯一主動收的時候，是我問她：「現在離開明月村項目組了，再看明月村，妳會有些不一樣的感覺吧？」

「現在啊！其實特別像我剛來這個村子的時候，那個時候對村子是簡簡單單的喜歡、愛。後來開展工作，運作一個又一個的項目，做一場又一場的活動，新村民、老村民、政府、投資客、遊客、媒體……其實很難有時間去感受它的美了。如今卸下擔子，回到村裡，又是單純地喜歡了。很好，看山還是山，看水也還是水。」

說完這些話，她眼裡有淚光閃動，但是又忍回去了，又開始笑起來。

是的，現在村長已經不是明月村的村長了。她把人生中的五年交給了這個村子，五年後，她離開明月村，開始做更多和鄉村建設、文創相關的事情，將在明月村積累的經驗，推廣到更多的鄉村。

「妳離開這裡不當村長了，我們都很失落呢！」

「其實也談不上離開，我還是，並且永遠是村民啊！有需要隨時都會回來嘛！」

說完她又笑了，中氣十足。

我愛的人，他們已經出現
——與祝小兔關於「做衣服」的問答

祝小兔：能跟我說說妳的一天是怎麼度過的嗎？

寧　遠：每天上午在家，中午去工作室，和同事們吃完午餐後，就開始工作，傍晚六點回家，陪孩子，做家務，大約十一點再做自己的事，通常是十二點睡覺。

祝小兔：小時候妳的記憶裡，有發生跟現在做的相關的事情嗎？

寧　遠：小時候就特別喜歡做手工，很小就會織毛衣，第一件作品是一條毛線褲腰帶，本來是想織成髮帶，可是織到足夠的長度了，不會收針，媽媽又不在家，只好不停地織啊織，等到媽媽回來時，已經長到可以送給外公當褲帶啦！外公那個時候穿老式的大腳褲，很需要這樣一條褲帶。

祝小兔：妳是怎麼開始做衣服的，怎麼入門的？

寧　遠：之前一直喜歡手縫布包，懷孕的時候，照著網路上的教學課程，加上自己的理解，幫寶寶縫罩衣。比較完整地做出一件真正的衣服，是在幾年前，拆掉一件喜歡的衣服，把每一塊照著形狀畫在紙板上，再找來另外的布剪下來縫合，這之後又把拆掉的衣服再組裝。很笨的方法，但是很有用，這麼做一次，就對服裝的結構、做衣服的步驟，和工藝有了解啦！

祝小兔：妳眼中如何定義做衣服這項手藝？

寧　遠：我覺得這是一項很高貴的體力勞動，是身心合一的修練。

祝小兔：做服裝工作室後特別感動的事情是什麼？

寧　遠：有一個女孩寫信給我說，她每次穿上我家的衣服，就會有「要好好做人」的感覺。這個讓我特別感動，我覺得這就是物質所蘊含的精神意義吧！

祝小兔：儘管我也買過布料，去裁縫店做過大衣、連身裙、襯衫，甚至旗袍，但自己親手做一件衣服，我從未真正實現過。心中對做衣服這件事有種莫名的憧憬，做衣服整個過程是怎樣的？

寧　遠：完整的過程大體是：創意—畫圖—電腦製版—選料—裁剪—車縫—熨燙—手工。這些順序可能會根據情況有所調整，比如我有時比較喜歡拿到一塊布之後，再來想像它應該做成怎樣的衣服，比如車縫的過程裡，可能需要先熨燙再車縫。

祝小兔：怎樣能不斷打磨技藝呢？

寧　遠：除了多做、多思考，好像沒有別的辦法。

祝小兔：靈感是怎麼來的？

寧　遠：我想老老實實地做衣服，「靈感」這兩個字想得並不多，也可能它一直在產生，但我沒有特別注意到它的存在。

祝小兔：妳的理念是什麼？

寧　遠：我希望衣服可以改變人心，說得更明確一點，希望衣服也可以用特殊的方式改變世界，這不知道是不是理念，或者叫野心？

祝小兔：幾年前我看妳做衣服，那時還是一個小有名氣的主持人，只是跟別的主持人不一樣，生活裡喜歡穿寬鬆的布衣服，給人的感覺特別舒服、自然，沒有雕琢之氣。做衣服，覺得妳也只是一時覺得好玩，沒想到這麼多年過去了，妳還在做衣服，並且做出了一番氣象。為什麼會如此著迷？

寧　遠：我覺得任何一件事情，妳只要深入進去，都能發現樂趣，可能我碰巧在做衣服的道路上走得比較遠了吧！這麼走下去，越走越好玩，一直有新的目標需要妳去實現，妳可以做得更好，但一定不是最好，所以就一步一步著迷了。到我這個年齡，那種可以輕易達到的、感觀的、刺激的東西，已經吸引不了我了，那些比較難達成的，但是可以透過努力、往那個方向去的事情，對我有吸引力。另外，我的堅持除了喜歡，還有一個重要因素：做衣服養活了我，這讓我覺得特別踏實。以前當主持人，常常會感覺妳的命運不是妳自己能掌控的，但是做衣服不是這樣，這是一份努力就會有回報的工作，這讓我特別感恩。

祝小兔：妳覺得做好最關鍵的是什麼？

寧　遠：還是多做多思考，再加一個「敏感」吧！做衣服和寫作一樣，需要很強的感受力。

祝小兔：我媽媽在我這個年紀，不但為我和她，還有鄰居、同事和她們的小孩做過很多衣服了，家裡的報刊都用來打版，縫紉機在腳下踩得風馳電掣，呼呼作響。朝九晚五的刻板生活裡，做衣服和跳交際舞是熱愛時髦的女人們的消遣，要穿自己做的獨一無二的連身裙跳舞才最美，當然她們還有燙卷的瀏海和變速腳踏車。因為做衣服，對小孩子的成長特別敏感。小孩子長身體，褲腿和裙襬的布料往往被收進去一塊，長高一些，就拆線放出來，再鎖邊縫起來。

寧　遠：是這樣的，為孩子做衣服是很幸福的感覺，這就是「為妳愛的人縫衣」。

祝小兔：遇到過什麼困難嗎？

寧　遠：很多困難，但都不足以讓我堅持不下去，困難都是瑣碎的，要做到的只是一件一件地去克服。很多人往往都是忍受不了這種瑣碎，最終放棄吧！但我有時愛這種瑣碎。為一件衣服的幾顆扣子逛遍整個市場，一個版前前後後改五、六次，還達不到想要的樣子……這樣的瑣碎，本身包含著美好。

祝小兔：手工的一針一線傾注的是投入的感情和時間，微小而珍貴。整個社會向前走，除了衝在前面的人，也需要像妳這樣慢吞吞、給人安定感的人。妳未來對自己的期許是什麼？妳願意為之一直努力下去嗎？

寧　遠：每一天活在真實的生活裡，享受做每一件事，每一件衣服。我願意就這麼過下去。我的一個朋友，寫了一首詩，其中一句「我愛的人，他們已經出現，我現在要做的就是好好愛他們。」對我而言，身邊的人，以及自己正在做的事情，都是這樣。

祝小兔：用天然的布料、質樸的花色，想穿什麼，就做什麼，不要去想靈感，隨心所欲，我覺得妳是一個對自己徹底誠實的人。說說妳的性格吧！有什麼古怪的愛好？或者偏執？

寧　遠：我自己覺得我一點個性也沒有，滿普通的一個人。要說偏執，我有那麼點「以貌取人」，這個「貌」倒不是說長相什麼的，而是指一個人的審美趣味。

祝小兔

作家，曾出版《時光不老，我們不散》、《萬物皆有歡喜處》、《世界從不寂靜》、《人到了美術館會好看起來》等作品。主持英國文化系列紀錄片《ZHU 在英倫》。中央聖馬丁藝術與設計學院藝術評論及策展專業，曾就職於《哈潑時尚》雜誌社任專題總監。

電子書購買

國家圖書館出版品預行編目資料

把時間浪費在美好的事物上（經典版）：從簡單的日常中，找到喜悅和幸福的祕訣 / 寧遠 著 . -- 第一版 . -- 臺北市：崧燁文化事業有限公司，2023.07

面；　公分

POD 版

ISBN 978-626-357-461-8(平裝)

1.CST: 人生哲學 2.CST: 生活方式

191.9　　112009326

把時間浪費在美好的事物上（經典版）：從簡單的日常中，找到喜悅和幸福的祕訣

臉書

作　　者：寧遠

發 行 人：黃振庭

出 版 者：崧燁文化事業有限公司

發 行 者：崧燁文化事業有限公司

E-mail：sonbookservice@gmail.com

粉 絲 頁：https://www.facebook.com/sonbookss/

網　　址：https://sonbook.net/

地　　址：台北市中正區重慶南路一段六十一號八樓 815 室

Rm. 815, 8F., No.61, Sec. 1, Chongqing S. Rd., Zhongzheng Dist., Taipei City 100, Taiwan

電　　話：(02) 2370-3310　　　傳　　真：(02) 2388-1990

印　　刷：京峯數位服務有限公司

律師顧問：廣華律師事務所 張珮琦律師

定　　價：650 元

發行日期：2023 年 07 月第一版

◎本書以 POD 印製